영시가 영화를 만났을 때

영시가 영화를 만났을 때

양 승 갑 저

전남대학교출판부

시가 아름다워서 읽고 쓰는 것이 아니다.
인간의 일원이기 때문에 시를 읽고 쓰는 것이다.
인간은 열정으로 가득 차 있어.
의학, 법률, 경제, 기술 따위는 삶을 유지하는데 필요해.
하지만 시와 미, 낭만, 사랑은 삶의 목적인 게야.
-『죽은 시인의 사회』 중에서 -

We don't read and write poetry because it's cute.
We read and write poetry because we are members of the human race
and the human race is filled with passion.
And medicine, law, business,
engineering these are noble pursuits and necessary to sustain life.
But poetry, beauty, romance, love. . . these are what we stay alive for.
- *from* Dead Poet's Society -

C O N T E N T S

들어가며

이 책은 영화 속에 등장하는 영시를 통하여 시와 영화가 상호 공유하는 주제에 접근한다. 이는 영화의 대중성과 접근성을 활용하여 흔히 어렵게만 여겨지는 영시에 대한 접근성과 가독성을 높이려는 데 주목적이 있으며, 아울러 영화 자체에 대한 분석과 이해를 위한 또 다른 접근법을 제시하려는 부차적인 목적을 지니고 있다.

드라마와 소설은 그 외형적 특성과 영화화된 많은 작품을 통하여 잘 드러나는 것처럼 영화와 상관관계가 매우 밀접하다. 반면에 시는 영화와의 상관성이 상대적으로 약해 보이는 것이 사실이다. 그러나 "카메라의 눈(camera's eye)은 시인의 눈 바로 그것이다"는 수잔 랑거(Susanne Langer)의 언급에서 잘 드러나는 것처럼, 면밀히 들여다보면 시와 영화는 많은 공통점을 지니고 있다. 『영상물과 영어 교육』(*The Motion Picture and the Teaching of English*)의 주저자인 오웬(Harold H. Owen, Jr.)은 "시와 영화가 모두 은유와 비유를 사용한다는 점에서 또한 시인이 언어를 통하여 독자들이 '느끼면서 보도록'(see feelingly) 만드는 것처럼 영화감독은 영상을 통하여 관객이 '느끼면서 보도록' 만든다는 점에서 시와 영화는 중요한 특성을 공유하고 있다"고 주장한다. 또한 영화를 다룬 시들을 집중적으로 연구한 골드스타인(Laurence Goldstein)은 "영화는 현대 시인들에게 어떻게 자기변혁을 해야 하는가에 대한 지침을 제공한다"고 주장한다. 여기서 골드스타인의 진의(眞意)는 오늘날 정통 시가 독자들로부터 왜 멀어졌으며 또한 그 자리를 영화가 어떻게 대체했는가를 주목해야 한다는 것이다. 이러한 시와 영화의 공통점과 시대적 정황은 시와 영화의 접목이 매우 시의적절하며 동시에 의미 있는 작업임을 잘 설명해 준다.

물론 영화 속에서 시를 활용한 감독의 의도를 주로 추론에 근거하거나 긴 호흡이 요구되는 영화를 짧은 시로 접근한다는 것은 분명한 한계를 지니고 있다. 아울러 영화 속에 등장하는 시를 통하여 영화에 접근하는 것은 늘 '의도론적 오류'(intentional fallacy)에 빠질 위험을 지니고 있다. 그러나 이러한 한계와 위험을 감내하더라도, 다분히 감각적이고 즉발적인 감응에 익숙한 세대들이 좋은 시와 영화가 보여주는 심연(深淵)의 세계를 체험하는 것은 매우 가치 있는 일일 것이다.

이 책의 작품 순서는 영화의 제작년도를 기준으로 하였다. 책 속에서 언급되는 시인, 비평가 및 영화 평론가들의 이름은 관례적으로 '성'(family name)만을 표기 하였으나 필요에 따라 '전체이름'(full name)을 병행하였다. 시와 영화를 함께 다루는 것은 매우 방대한 자료가 요구되는 작업이다. 따라서 본 책에서는 영화와 시 각각의 자료들을 유용하게 모아놓은 사이트들을 최대한으로 활용하였다. 영화와 시의 원문을 포함한 인용들과 분야별 자료의 출처는 다음과 같으며 본문에서는 생략하였다.

영화 관련 자료

http://www.imdb.com

http://en.wikipedia.org

http://movie.daum.net

http://www.cine21.com

http://movie.naver.com

영화 포스터 및 사진

http://www.imdb.com

http://en.wikipedia.org

http://movie.daum.net

http://www.cine21.com

http://movie.naver.com

영화 자막

http://www.imsdb.com

http://cineaste.co.kr/bbs/board.php?bo_table=psd_caption

http://gom.gomtv.com

시인 및 시 작품

http://en.wikipedia.org

http://www.poets.org

http://www.poetryarchive.org

『로리타』(*Lolita*)와 포우(Edgar Allen Poe)의 「울라룸」("Ulalume")

『로리타』(*Lolita* 1962)

- 감독: 스탠리 큐브릭(Stanley Kubrick)
- 출연: 제임스 메이슨(James Mason) … 험버트 험버트(Humbert Humbert)
  수 리언(Sue Lyon) ……………… 돌로리스 "로리타" 헤이즈(Dolores "Lolita" Haze)
  셸리 윈터스(Shelley Winters) …… 샬롯 헤이즈(Charlotte Haze)
  피터 셀러스(Peter Sellers) ……… 클레어 퀼티(Clare Quilty)

『로리타』는 러시아 출생의 블라디미르 나보코프(Vladimir Nabokov: 1899 - 1977)가 1955년 발표한 소설이다. 나보코프는 1953년에 이미 『로리타』의 원고를 완성하였지만 2년 동안 바이킹 출판사(The Viking Press)를 포함하여 무려 7개의 출판사로부터 원고 출판을 거절당한 바 있다. 또한 프랑스의 올림피아 출판사(Olympia Press)에서 어렵게 출판한 이후에도 그의 작품은 끊임없는 논쟁에 휩싸였다. 이 모든 이유는 소설의 주인공 험버트가 지닌 '헤베필리아'(Hebephilia)[1] 즉, 11세~14세의 초기 사춘기 아이들에게 호감을 느끼는 '성애증'(性愛症)때문이다. 『로리타』에 대한 초기의 평가는 영국에서의 반응이 잘 대변해 주고 있다. 영국의 저명한 소설가 그래함 그린(Graham Greene: 1904 - 1991)은 『로리타』를 "1955년도에 출간된 가장 뛰어난 세 작품 중의 하나"(one of the three best books of 1955)로 부른 반면, 선데이 익스프레스(Sunday Express)의 편집장인 고든(John Gordon: 1890 - 1974)은 "내가 읽은 책 중에서 가장 더러운 책이자, 철저한 포르노 그 자체"(the filthiest book I have ever read, sheer unrestrained pornography)라고 평가 한 바 있다. 이러한 논란 가운데 『로리타』에 대한 초기의 평가는 전체적으로 우호적이지 못했다. 비평가들은 물론 『미국단편소설지침서』(*Facts on File: Companion to the American Short Story*)에서도 『로리타』를 "성애소설"(erotic novel)로 분류한 바 있다. 그러나 이 작품에 대한 보다 섬세한 접근을 하는

1) 정신의학에서는 좀 더 포괄적으로 '소아성애증'(pedophilia)이라 부르며, 이러한 증상을 가진 사람을 '페도파일'(Pedophile)이라 부른다. 성적 도착증의 일종으로, 소아성애자라는 표현은 의학적 진단을 받지 않더라도 소아를 대상으로 성범죄를 저지른 사람에게 사용되기도 한다. 소아를 대상으로 성범죄를 저지를 경우 가중 처벌을 받게 된다.

비평가들이 등장함에 따라, 이 분류는 점차 변화를 겪게 된다. 커티스(Glenn Eldon Curtis)는『로리타』를 "성애적 주제를 띤 소설"(novel with erotic motifs)로, 콘(Igor Semenovich Kon)은 "『율리시즈』나『채털리 부인의 사랑』처럼 성애적 요소를 지닌 고전 성애 작품 중의 하나"(one of "a number of works of classical erotic literature and art, and to novels that contain elements of eroticism, like ... *Ulysses* and *Lady Chatterley's Lover*)로 평가한다. 한편 슈만(Samuel Schuman)은 "『로리타』는 아이러니와 풍자가 두드러진 작품으로 성애 소설이 아니다" (*Lolita* is characterized by irony and sarcasm. It is not an erotic novel)며, 이 작품에서의 성애적 요소를 일종의 기능으로 보고 있다. 오늘날『로리타』는『타임』(*Time*)지가 선정한 "1923년에서 2005년 사이의 가장 위대한 영어 소설 100편 목록"(*Time's* list of the 100 best English-language novels from 1923 to 2005)에 포함되고,『모던 라이브러리』가 1988년에 선정한 "20세기의 가장 위대한 소설 100편 목록"(Modern Library's 1998 list of the 100 Best Novels of the 20th century)중에서 네 번째로 올랐으며, "가장 위대한 소설 100편"(The 100 Best Books of All Time)에도 포함되어 있다. 이 모든 과정을 브래드베리(Malcolm Bradbury)는 "처음에는 성애 소설로 유명세를 탔던『로리타』는 모든 중요한 신화화에 요구되는 후기 모더니즘적 정제 과정을 거쳐 하나의 문학작품으로 확고한 지위를 확보했다"(at first famous as an erotic novel, *Lolita* soon won its way as a literary one-a late modernist distillation of the whole crucial mythology)며 함축적으로 설명하고 있다.

오늘날『로리타』가 고전작품으로 평가받는 주요한 이유 중의 하나는 나보코프의 아름답고 섬세하며 극히 시적인 문체이다. 트릴링

(Lionel Trilling)은 "우리는 책을 읽으며 책 속의 범죄행위를 우리가 점차적으로 용인하고 있다는 사실에 놀라게 된다 [...] 거부해야 한다는 사실을 알면서도 우리의 상상력이 받아들이도록 용인하기 때문이다"(we find ourselves the more shocked when we realize that, in the course of reading the novel, we have come virtually to condone the violation it presents [...] we have been seduced into conniving in the violation, because we have permitted our fantasies to accept what we know to be revolting)며, 나보코프 문체의 치명적 아름다움이 독자들의 도덕률까지 마비시키고 있음을 경고한 바 있다. 이러한 뛰어난 문체는 타 장르로의 각색을 어렵게 만드는 문제점을 안고 있다. 2009년 일인극(one-man monologue show)의 형태로 각색한 『로리타』에서 험버트 역할을 한 배우 콕스(Brian Cox)는 『로리타』를 "일인극이 아닌 영화로는 불가능한 작품"(a stage monologue would be truer to the book than any film could possibly be)으로 평가한 바 있다. 그럼에도 불구하고 『로리타』는 1962년 큐브릭에 의하여 최초로 영화화되었고, 1997년 애드리언 라인(Adrian Lyne) 감독에 의해 두 번째로 영화화된 바 있다. 라인 감독의 작품은 원작에 보다 충실하다는 평가를 받지만, 전체적으로는 큐브릭의 작품이 호평을 받는다. 작가이자 감독인 토백(James Toback)은 두 작품 모두 "최고의 영화 10편"(the 10 finest films ever made) 목록에 올리지만 큐브릭의 작품을 상위에 올렸으며, 『라튼 토마토』(*Rotten Tomatoes*)는 라인의 작품에 67점(67%)을 큐브릭의 작품에 97점(97%)을 각각 매긴 바 있다. 한편 페트릭(Nick Petrick)은 "리메이크 전쟁 #1: 『로리타』(1962) 대 『로리타』(1997)"(Remake Wars #1: Lolita (1962) VS Lolita (1997))에서 "각색, 각본, 감독, 미학적 측면, 연기"(Novel to Movie, Writing, Directing, Aesthetics, Acting) 모든 부

분에서 큐브릭의 일방적 우세로 평가한 바 있다.2)

큐브릭의『로리타』가 더 나은 작품성을 지닌다는 점은 대본을 나보코프 본인이 썼다는 사실에서도 어느 정도 예측할 수도 있지만, 나보코프의 대본은 후에 큐브릭과 해리스(James B. Harris)에 의해 많은 부분이 삭제되고 수정된 바 있다. 이러한 수정은 대부분 "미국영상협회"(The Motion Picture Association of America)의 엄격한 검열을 피하기 위한 것으로 원작에서 12살인 로리타의 나이가 단순히 "10대"(teens)로 바뀐 것도 이러한 이유이다. 나보코프의 원작과 큐브릭의『로리타』가 보이는 차이 중에서 검열 때문이 아닌 감독 큐브릭의 의도에서 비롯된 가장 큰 차이는 사건의 전개 과정이다. 큐브릭은 원작의 마지막 부분에 등장하는 험버트가 퀼티를 살해하는 장면을 영화의 첫 장면에 도입한다. 사건의 전개 순서에 충실한 라인 감독의『로리타』가 원작에 더 가깝다는 평가를 받는 원인 중의 하나도 바로 이 점 때문이기도 하다. 나보코프의 원작에서 도입 부분은 험버트가 청소년기에 겪은 아나벨 리(Annabel Leigh)와의 사랑과 그녀를 잃은 상실감을 자세하게 술회함으로써 그가 왜 헤베필리아를 지니게 되었으며, 동시에 그가 왜 로리타에게 그토록 빠지게 되는가를 이해하는데 중요한 대목이다. 아울러 원작『로리타』는 험버트 개인의 회상을 지극히 자기주관적인 독백 형식으로 서술하는 작품인 까닭에 험버트의 의식이 전개되는 과정에 대한 이해가 필수적이다. 거장(巨匠)으로 통하는 감독 큐브릭이 이러한 흐름의 동선을 이해하지 못했다고 보기는 어렵다. 큐브릭이 원작과 다른, 핵심적 상

2) "The results look pretty one-sided, not to say that *Lolita*(1997) is bad . . . *Lolita*(1962) is a truly beautiful and original film. It is clearly the better of the two films.

황에서 곧바로 이야기를 시작하는 소위 '인 메디아스 레스'(in medias res)[3] 기법을 사용하는 것은 일차적으로 관객의 즉각적인 흥미를 유발할 수 있다는 장점을 지니지만 보다 핵심적으로『로리타』에 대한 그 자신의 해석을 표출하는 방식으로도 이해할 수 있다.

나보코프의『로리타』는 주인공 험버트가 가장 좋아하는 시인인 에드가 앨런 포(Edgar Allen Poe: 1809-1849)에게 바치는 일종의 '헌사' 혹은 '포우 혼성작'(pastiche of Poe)으로 불러도 무방할 정도로 포우의 작품들과 밀접한 관련이 있다. 나보코프는 1947년 윌슨(Edmund Wilson)에게 쓴 편지를 통하여 "어린 소녀들을 사랑하는 한 사내에 대한 글을 쓰고 있네. 제목을『바닷가 옆 왕국』으로 하려 하네"(I am writing ... a short novel about a man who liked little girls - and it's going to be called *The Kingdom by the Sea*)라고 밝힌 바 있다. 포우의 시「아나벨 리」("Annabel Lee")의 첫 연 두 번째 행에서 차용한 이 제목을 후에『로리타』로 바꾼 것이다. 또한 험버트의 첫 번째 연인의 이름인 아나벨 리 뿐 아니라, 매우 인상적인 소설의 첫 줄 "로리타, 내 인생의 빛, 내 욕망의 불 꽃, 나의 죄, 나의 영혼. 로-리-타"(Lolita, light of my life, fire of my loins. My sin, my soul. Lo-lee-ta) 역시 포우의 「아나벨 리」의 마지막 연의 "내 사랑-내 사랑-나의 인생이자 나의 신부"(my darling-my darling- my life and my bride)에서 차용한 것이다. 큐브릭 역시 이러한 포우의 영향력을 정확히 간파하고 있었다고 할 수 있다. 이 점은 그가 영화 속에서 삽입한 포우의 시「울라룸」

3) 서사시나 연극, 소설 등에서 핵심적 상황에서 곧바로 이야기를 시작하는 서술기법. 그 핵심적인 상황은 이전에 일어난 사건들의 연장이며 또 이후 사건들로 발전하게 된다. 이야기는 그 상황에서 앞으로 곧장 진행되어 나가며 이전의 사건들은 플래시백을 통해 설명된다. 이러한 원리는 호메로스(Homer)가『일리아드』(*Iliad*),『오디세이』(*Odyssey*)를 써나간 방식에 바탕을 둔다.

("Ulalume")을 통하여 잘 드러난다. 그의 이 선택은 매우 탁월한 것으로 먼저 시의 제목을 통해서 잘 드러난다. 피플스(Scott Peeples)는 포우 시에 등장하는 여 주인공들 "Annabel Lee," "Eulalie," "Ulalume," "Lenore" 들의 이름이 "[l • l]"이라는 발음상의 공통점을 지니고 있다고 밝힌바 있다. "Lolita"라는 이름 역시 이러한 포우의 영향력에서 만들어진 이름임을 추론해 볼 때, 큐브릭이 「울라룸」을 선택한 것은 매우 적절하다 할 수 있다. 또한 시가 다루는 내용과 주제 역시 나보코프의 원작을 크게 손상하지 않으며 큐브릭의 해석을 효과적으로 뒷받침한다. 험버트는 로리타에게 전체 10연 104행 중에서 1연의 일부분과 7연의 일부분을 읽어 준다.

하늘은 온전한 잿빛이었고,
　나뭇잎들은 바삭거리며 시들어 있었으며.
　나뭇잎들은 말라 시들어 있었다.
그것은 내가 가장 잊을 수 없는 해,
　외로운 시월의 어느 밤이었다,
그것은 안개 자욱한 위어[4] 숲 한가운데 있는
　저 어렴풋한 한 오버[5] 호수 바로 옆,
그것은 귀신이 사는 위어의 숲속,
　질척거리는 조그만 오버 호 아래였다.

여기서 언젠가, 타이탄의 오솔 길을 지나,
　삼나무 숲속을, 내 영혼과 함께 배회했다,
　삼나무 숲속을, 프시케, 내 영혼과 함께.

---

4) 위어(Weir): 포우가 만들어 낸 가상의 숲. 동시대 화가인 로버트 위어(Robert Walter Weir: 1801-1889)의 이름에서 착안함.

5) 오버(Auber): 포우가 만들어 낸 가상의 호수. 동 시대 작곡가인 다니엘 오버(Daniel François Esprit Auber: 1782 - 1871)의 이름에서 착안함.

그 무렵 내 심장은 화산이었다,
  굽이치는 화산암의 강물처럼,
  굽이치는 쉼 없는 용암처럼
유황불의 급류들을 야아네크 산[6] 아래로
  극지의 말단 끝까지 몰아대는
북극에서 야아네크 산 아래로 굽이치며
  신음하는 용암처럼.

우리의 대화는 심각하고 진지했다.
  그러나 우리들의 생각들은 마비되어 시들어 있었다,
  우리들의 추억들은 허약하고도 시들어 있었다,
우린 그 달이 시월인 줄도 몰랐고
  우리는 그 해의 그 밤인 줄 알아채지도 못하였으니
  (아, 그 해 모든 밤들 중의 밤인 것을!)
우린 저 희미한 오버 호수조차 알아보지 못하였고
  (전에 이 아래까지 여행한 일도 있었지만)
질척거리는 조그만 오버 호수도 기억 못하였고
  귀신이 사는 위어의 숲도 기억하지 못했다.

이제 밤도 어지간히 깊었던 탓에,
  별들은 시계침은 아침을 가리키고,
  별들의 시계침은 아침을 암시했다,
우리들이 가는 길의 끝에는 액체같은
  성운의 광채가 피어나고,
그 속에서 초승달이
  기적처럼 두 개의 뿔을 달고 떠오른다,
아스타르테[7]의 다이아몬드 초승달이
  뚜렷이 두 개의 뿔을 달고서.

---

6) 야아네크 산(Mount Yaanek): 포우가 만들어 낸 가상의 남극에 있는 활화산

그리고 나는 말했다 "그녀는 다이안[8]보다도 온화하고,
그녀는 탄식의 대기에서 흘러오고,
그녀는 탄식의 땅에서 주연을 베푼다,
그녀는 벌레가 죽지 않는 곳에서는
뺨 위에 눈물이 마르지 않음을 알았으며
사자좌의 별들을 지나 와서
우리에게 천상에 이르는 길과
천상의 망각의 평화를 보여주었으며,
사자좌의 별들을 헤치고, 솟구쳐 와서
빛나는 두 눈으로 우리에게 빛을 비추어 주고,
사자좌의 잠자리를 지나 솟구쳐 온다,
반짝이는 눈동자에 사랑을 담고."

그러나 프시케는 손가락을 쳐들며
말했지, "슬프게도 나는 이 별을 믿지 못하고 있었어요.
이상하게도 그 창백한 빛을 믿지 못하고 있어요.
오, 서둘러요! 아, 우리 망설이지 말아요!
아, 날아요! 우린 날아야 하니까요."
공포에 차서 그녀는 외쳤다, 그녀의 날개가
흙먼지에 끌릴 만큼 쳐진 채로,
슬픔에 차서 그녀는 흐느꼈다, 그녀의 깃털이
흙먼지에 끌릴 만큼 쳐진 채로,
그녀의 날개가 슬프게도 흙먼지에 끌릴 만큼.

나는 대답했다, "이것은 단지 꿈일 뿐,

---

7) 아스타르테(Astarte): 고대 셈(Semite)족의 풍요와 생식의 여신, 각 나라마다 다양한 이름과 형태로 숭상됐다. 튜턴족들은 에오스트레(Eostre)라고 불렀고, 로마에서는 비너스(Venus), 그리스에서는 아프로디테(Aphrodite), 이집트에서는 이시스(Isis), 이스라엘에서는 아스다롯(Ashtoreths) 등으로 불렸다.

8) 다이안(Dian): 달의 여신인 다이아나(Diana, 그리스 이름은 Artemis)의 다른 이름.

이 전율하는 빛을 따라 가보자!
이 수정의 빛 속을 헤엄쳐 가보자!
오늘밤 무녀 시빌[9)]의 빛이 희망과
미와 더불어 빛나고 있지 않은가!
보라! 그 빛이 어둠을 뚫고 하늘까지 반짝이며 오르는 것을!
아, 우리는 안심하고 그 빛을 믿어도 좋다,
틀림없이 우리를 바른 길로 인도하리니,
우리는 안심하고 그 빛을 믿어도 좋다.
그 빛은 단지 우리를 바른 길로 인도하리니,
그 빛이 어둠을 뚫고 하늘까지 반짝이며 오르기 때문에."

이렇게 나는 프시케를 안심시키고 그녀에게 입 맞추었고,
우울에서 그녀를 끌어내어
심각과 우울을 이겨내게 했다,
그리고 우린 멋진 풍경의 끝까지 걸어갔으나
한 무덤의 문가에 멈춰 섰다,
한 전설의 무덤의 문가에,
나는 말했다. "귀여운 누이야, 이 전설의 무덤
그 문 위에는 무엇이 씌어 있는가?"
그녀는 대답했다. "울라룸, 울라룸
이것은 그대가 잃어버린 울라룸의 무덤!"

그러자 나의 심장은 온전한 잿빛으로 가라앉았다
바삭거리며 시들은 나뭇잎처럼.
말라 시들은 나뭇잎처럼,
그리고 나는 외쳤다 "분명히 시월
작년 바로 오늘 밤이었다.
내가 여행을, 내가 이곳까지 여행했던 날이!

---

9) 무녀 시빌(Sybil): 고대 로마의 여자 예언자이자 무당.

내가 무서운 짐을 이곳까지 가지고 왔던 날이
그 해 모든 밤들 중의 밤인 날이,
오, 무슨 악마가 나를 여기까지 데리고 온 것일까?
아아, 이제 나는 알겠다, 이 어렴풋한 한 오버 호수
이 안개 자욱한 위어 숲,
아아, 이제 나는 알겠다, 송장 먹는 귀신이 사는 위어의 숲속,
이 질척거리는 조그만 오버 호수.

그리고 우리는, 그리고 우리 둘은 말했다, "아, 그것은
이 숲 나라의 귀신들일까
가엾고 동정심 많은 귀신들일까,
우리의 갈 길을 가로막아
이 구릉지에 숨어있는 비밀을 지키려고
이 구릉지에 숨은 것들을 지키려고
달의 영령들이 사는 연옥으로부터
행성의 유령을 끌어냈던 것은,
별의 영령들이 사는 지옥으로부터
이 죄 많은, 빛나는 별을 끌어내었던 것은?"

The skies they were ashen and sober;
The leaves they were crispéd and sere -
The leaves they were withering and sere;
It was night in the lonesome October
Of my most immemorial year;
It was hard by the dim lake of Auber,
In the misty mid region of Weir -
It was down by the dank tarn of Auber,
In the ghoul-haunted woodland of Weir.

Here once, through an alley Titanic,

Of cypress, I roamed with my Soul -
Of cypress, with Psyche, my Soul.
These were days when my heart was volcanic
As the scoriac rivers that roll -
As the lavas that restlessly roll
Their sulphurous currents down Yaanek
In the ultimate climes of the pole -
That groan as they roll down Mount Yaanek
In the realms of the boreal pole.

Our talk had been serious and sober,
But our thoughts they were palsied and sere -
Our memories were treacherous and sere -
For we knew not the month was October,
And we marked not the night of the year -
(Ah, night of all nights in the year!)
We noted not the dim lake of Auber -
(Though once we had journeyed down here) -
We remembered not the dank tarn of Auber,
Nor the ghoul-haunted woodland of Weir.

And now, as the night was senescent
And star-dials pointed to morn -
As the star-dials hinted of morn -
At the end of our path a liquescent
And nebulous lustre was born,
Out of which a miraculous crescent
Arose with a duplicate horn -
Astarte's bediamonded crescent
Distinct with its duplicate horn.

And I said- "She is warmer than Dian:
She rolls through an ether of sighs -
She revels in a region of sighs:
She has seen that the tears are not dry on
These cheeks, where the worm never dies,
And has come past the stars of the Lion
To point us the path to the skies -
To the Lethean peace of the skies -
Come up, in despite of the Lion,
To shine on us with her bright eyes -
Come up through the lair of the Lion,
With love in her luminous eyes."

But Psyche, uplifting her finger,
Said - "Sadly this star I mistrust -
Her pallor I strangely mistrust: -
Oh, hasten! oh, let us not linger!
Oh, fly! - let us fly! - for we must."
In terror she spoke, letting sink her
Wings till they trailed in the dust -
In agony sobbed, letting sink her
Plumes till they trailed in the dust -
Till they sorrowfully trailed in the dust.

I replied - "This is nothing but dreaming:
Let us on by this tremulous light!
Let us bathe in this crystalline light!
Its Sybilic splendor is beaming
With Hope and in Beauty to-night: -
See! - it flickers up the sky through the night!

Ah, we safely may trust to its gleaming,
　And be sure it will lead us aright -
We safely may trust to a gleaming
　That cannot but guide us aright,
　Since it flickers up to Heaven through the night."

Thus I pacified Psyche and kissed her,
　And tempted her out of her gloom -
　And conquered her scruples and gloom:
And we passed to the end of the vista,
　But were stopped by the door of a tomb -
　By the door of a legended tomb;
And I said - "What is written, sweet sister,
　On the door of this legended tomb -"
　She replied - "Ulalume - Ulalume -
　'Tis the vault of thy lost Ulalume!"

Then my heart it grew ashen and sober
　As the leaves that were crispèd and sere -
　As the leaves that were withering and sere,
And I cried- "It was surely October
　On this very night of last year
　That I journeyed-I journeyed down here -
　That I brought a dread burden down here -
　On this night of all nights in the year,
　Oh, what demon has tempted me here -
Well I know, now, this dim lake of Auber -
　This misty mid region of Weir -
Well I know, now, this dank tarn of Auber -
　In the ghoul-haunted woodland of Weir."

Said we, then-the two, then - "Ah, can it
    Have been that the woodlandish ghouls -
    The pitiful, the merciful ghouls -
To bar up our way and to ban it
    From the secret that lies in these wolds -
    From the thing that lies hidden in these worlds -
Had drawn up the spectre of a planet
    From the limbo of lunary souls -
This sinfully scintillant planet
    From the Hell of the planetary souls?"

이 시 역시「아나벨 리」처럼 '사랑하는 연인의 때 이른 죽음'을 다루고 있다. 포우가 이 시를 부인 버지니아 클렘(Virginia Clemm)이 죽고 난 직후에 구상하였다는 점을 고려하면 시 속의 울라룸은 버지니아를 의미한다고 볼 수도 있다. 나보코프의『로리타』가 철저히 험버트의 독백으로 구성되어 있는 것처럼, 이 시 또한 '나'와 '나의 영혼 프시케'로 분열된 시인 화자의 독백이다. 시인 화자의 분열은 사랑하는 연인의 급작스러운 죽음으로 생겨난 상실감에서 비롯된 것이다. 이 상실감 속에서 그의 "생각들은 마비되어 시들어 있으며," 그의 "추억들 또한 허약하고도 시들어 있어" 그는 "그 달이 시월인지도 모르고" "그 해의 그 밤인지도 모르며" 심지어 그가 이전에 온 적이 있던 "오버 호수"와 "위버의 숲"도 기억하지 못하는 것이다. 따라서 사랑의 신 에로스(Eros)의 부인이자 인간의 영혼을 담당하는 프시케를 시인 화자가 끄집어내는 것은 외형적으로 분열로 비추어지지만 '자괴감'이나 '무력감' 등의 일방적인 극단으로 치우치지 않으려는 시인 화자의 고통스러운 노력이기도 하다. 시인 화자와 프시케의 분열은 아스타르테의 정체성에서 극대화된다. 시인 화자는 아스타르테가 “반짝이는 눈동자에 사랑을 담고” 와서는 “탄식의 땅에서 주연”을 베풀며 “천상의 망각의 평화”를 보여주고 “우리에게 천상에 이르는 길”을 알려 줄 것이라고 기대한다. 반면에 프시케는 “이상하게도 그 창백한 빛”을 믿지 못하고, 그녀를 피하여 서둘러 날아갈 것을 요구한다. 아스타르테를 보는 이러한 이중적 양상은 아스타르테 여신 자체에도 내재되어 있다. 그녀는 고대 셈(Semite)족에게는 풍요와 생식(reproduction)의 여신으로 숭배된 반면 그리스와 로마에서는 미의 여신인 아프로디테(Aphrodite)와 비너스(Venus)로 숭배되었다. 즉, 풍요와 생식과 연관된 ‘육감적인 요부’(sexual temptress)와 ‘이상적 미의 여신’(goddess of ideal beauty)의 양면성을 아스타르테는 동시에 지니고 있다. 따라서 이 양면성에 대하여 시인 화자와 그의 영혼이 보이는 갈등은 사랑 자체가 지닌 ‘현실적인 사랑’과 ‘초월적인 사랑’에 대한 갈등으로도 볼 수 있다.

「울라룸」에서 사랑이 포함하고 있는 이중적인 구도는 시에서 조금 복잡한 양상으로 전개된다. 이는 시인 화자는 다분히 현실적이지만 그 현실을 벗어나고자 하는 욕망이 강하고, 반면에 그의 영혼 프시케는 초월적이지만 현실을 보다 냉철하게 본다는 점 때문이다. 이 갈등이 ‘아스타르테의 빛’에 대한 서로 다른 견해로 드러나는 것이다. 역설적이게도 아스타르테의 빛에 대한 시인 화자의 맹목적인 믿음은 그의 강요에 따르는 프시케의 순응을 통하여 깨진다. 그 빛이 인도하는 곳이 다름 아닌 시인 화자의 연인인 “잃어버린 울라룸의 무덤”이기 때문이다. 연인의 무덤에 도착 후에야 시인 화자는 아스타르테를 “죄 많은, 빛나는 별”이라 부른다. 결국 프시케가 아스타르테의 빛을 불신한 것은 그 빛이 이끄는 길이 어디서 끝나는 가를 알고 있었기 때문이다. 마찬가지로 시인 화자의 맹목적성이 어디서 생겨났으며 또한 어떻게 끝날지를 프시케는 알고 있었다는 것이다. 그러나 이 전체적인 여정을 통하여 드러나는 더욱 중요한 의미는 현실을 벗어나고자 하는 시인 화자의 욕망과 실연의 상심이 얼마나 큰 것인가를 가늠하는 것이다. 동시에 그가 얼마나 연인 울라룸을 사랑했으며 또한 여전히 사랑하는가를 간파해 내는 것이다. 시인 화자는 자신을 울라룸의 무덤으로 인도한 아스타르테의 빛을 비난하며 자신의 의지와는 무관하다는 의도적인 회피를 하고 있지만, 결과적으로 올라룸에 대한 그 자신의 사랑이 무의식적으로 그를 연인의 무덤으로 인도한 것이다.

「울라룸」은 비극적이고 고통스러운 사랑 노래이다. 그럼에도 불구하고 포우는 이 시 속에 사랑의 불멸성을 위한 몇 가지 장치를 포함하고 있다. 먼저 구성적 측면에서 이 시는 단순한 운율과 단어나 구절의 지속적인 반복을 주된 도구로 하는 전통적인 '구전민요'(ballad)의 형식을 취하고 있다. 즉, 세대에서 세대를 잇는 노래를 통하여 포우는 자신의 사랑 노래가 영원히 살아남기를 바라고 있는 것이다. 또한 이 시는 전체적으로 삶과 죽음 그리고 선과 악이 중첩된 이미저리가 지배하고 있다. 1연에서 9연까지는 현실세계에서 연인의 무덤으로 가는 여정을 다루고 있으며, 이 시의 배경인 '귀신이 출몰하는 안개 자욱한 밤 시월의 숲'은 이 시가 삶과 죽음 사이의 경계에 위치하고 있다는 것을 의미한다. 마찬가지로 "가엾고 동정심 많은 귀신"이라는 표현에서 극단적으로 드러나는 것처럼, 시에 등장하는 "악마," "연옥" 그리고 "지옥" 등등의 의미들은 관습적인 선과 악의 구분을 초월하고 있다. 이러한 중첩과 초월을 통하여 시인 화자는 '망각으로 포장된 죽은 연인에 대한 살아 있음의 죄의식'에서 그를 벗어나게 하는 영원한 사랑을 구가할 수 있는 것이다. 이것은 에밀리 브론테(Emily Brontë: 1818 - 1848)의 『폭풍의 언덕』(*Wuthering Heights*)에서 히스클리프(Heathcliff)의 기원과도 닮아 있다. 기독교적 전통에서 구천을 떠도는 유령은 틀림없는 악마 임에도 불구하고, 히스클리프는 죽은 연인 캐시(Cathy)에게 "늘 함께 있어 줘, 어떤 형태로 존재하든 나를 미치게 만들어 주시게! 내가 그대를 찾을 수 없는 이 심연의 구렁텅이에 나만 홀로 두지만 마시게"(Be with me always - take any form - drive me mad! Only do not leave me in this abyss, where I cannot find you!)라며 둘의 영원한 사랑을 위하여 삶과 죽음 그리고 선과 악의 구분을 초월한다. 울라룸에 대한 시인 화자의 기원 또한 마찬가지로 모든 관습적인 구분을 초월한 영원한 사랑을 위한 것이다.

포우의 「울라룸」에 대한 시인 호프만(Daniel Hoffman: 1923-)의 평가는 매우 인상적이며 또한 효과적이다. 그는 「울라룸」을 "최면을 거는 주술적 마력"(hypnotic spell)을 가진 시로 평가하면서, "「울라룸」을 읽는 것은 달콤한 과자는 만드는 것과 같다. 영양가는 있으나 먹고 나면 감각을 마비시키는 그 단맛에 고통이 따른다"(Reading "Ulalume" is like making a meal of marzipan. There may be nourishment in it but the senses are deadened by the taste, and the aftertaste gives one a pain in the stomach)고 언급한 바 있다. 「울라룸」은 필멸의 인간이 불멸의 사랑을 꿈꾸는 고통을 노래한 시라는 것이다. 큐브릭이 『로리타』를 이해하고 자신의 작품에서 초점을 맞추고자 한 점도 바로 이 사랑에 내재된 현실과 이상 사이의 고통으로 보여 진다. 이 점은 큐브릭이 차용한 포우의 「울라룸」과 『로리타』는 많은 부분에서 닮아 있다는 사실로 드러난다. 사랑하는 연인의 죽음으로 시간과 공간에 대한 망각으로 지내던 시인 화자가 위어의 숲 속으로 가는 것처럼,

험버트 역시 "많은 유럽인들에게 안식처를 제공한 미국"(Having recently arrived in America where so many Europeans have found a haven before)에 간다. 그가 미국을 "안식처"라고 표현하는 것은 연인을 잃은 유럽에서의 상실감을 반증하는 것이다. 또한 「울라룸」에서 시인화자가 숲 속에서 자신의 길을 인도하는 아스타르테의 빛을 발견하는 것처럼 험버트 역시 미국에서 로리타라는 빛을 발견한다. 또한 시인화자와 프시케가 아스타르테의 정체성에 혼란을 겪는 것처럼 험버트도 로리타의 정체성에 혼란을 겪는다.

> 날 미치도록 만드는 것은 이 조숙한 소녀의 이중성이다... 아마 모든 조숙한 소녀들이 다 그러겠지만. 나의 로리타에게서 부드럽고 꿈결 같은 어린아이의 모습과 섬뜩한 천박함이 뒤섞여 있음을 본다.
>
> What drives me insane is the twofold nature of this nymphet ... of every nymphet, perhaps. This mixture in my Lolita of tender, dreamy childishness and a kind of eerie vulgarity.

물론 로리타에 부여된 이 이중성은 험버트 자신이 투영한 결과이기에, 로리타에 대한 그의 의식자체가 분열되어 있다는 것을 의미한다. 이 분열로 인한 갈등은 그의 현실 속에서 자신이 로리타를 흠모하고 있다는 사실이 드러나는 것을 극도로 꺼린다는 점으로 드러난다. 이점은 로리타를 향한 그의 속내를 적은 일기장을 '책상 서랍 깊숙이 열쇠로 채워 두는' 행위로 잘 드러난다. 따라서 그가 샬롯 헤이즈와 결혼하는 것은 매우 교활하면서도 현명한 해결책이 된다. 즉, 매우 자연스럽게 로리타를 곁에 둘 수 있다는 것이다.

자신이 감추어 놓은 일기장을 훔쳐본 샬롯이 갑작스럽게 죽는 사건은 험버트에게 그의 비밀스러운 사랑이 외부로 드러났을 때 생기는 결과를 구체화하고 있다는 점과 그 사랑을 지키기 위해서는 보다 근원적인 해결책이 필요하다는 두 가지의 의미를 동시에 제시한다. 그리하여 그가 찾아낸 것이 그가 꿈꾸는 사랑이 가능한 둘만의 공간을 찾아 나서는 미국 여행인 것이다. 그러나 큐브릭의 『로리타』에서 험버트의 대사는 이상향에 대한 기대감 보다는 자신이 처한 위태로운 현실을 벗어나고자 하는 욕구가 더욱 강하게 드러난다.

> 여길 떠나면 될 거야. 여기 더 있을 이유가 없어 ... 오늘 밤. 바로 떠나자. 전국을 떠도는 멋진 여행을 시켜 주마.
>
> But we could leave this place perhaps. We haven't any obligations here... Tonight. We could go now. I could take you for a wonderful trip round the country.

미국 동부에 위치한 뉴 햄프셔(New Hampshire)를 출발하여 서쪽으로 향하는 그들 여행의 지리학적 구도는 '경험 대 순수' 혹은 '문명 대 자연'의 구도를 표방하는 미국 소설과 영화에서 흔히 사용되는 '동부 대 서부'의 구도를 충실히 따르고 있다. 이 구도에 따르면 동에서 서(西)로 향하는 이들의 여행은 그들의 사랑을 위태롭게 하는 동부의 '현실'을 떠나 둘만의 안락한 사랑을 제공하는 서부의 '이상향'을 찾아간다는 것이다. 「울라룸」에서 시인 화자는 영혼의 동반자인 프시케와 함께 하지만, 험버트에게 로리타는 영혼보다는 현실에 가까운 동반자이다. 이상적인 안식처를 찾으려는 험버트와 달리 로리타는 늘 그에게서 벗어나려 하고 애정을 보이는 경우에는 예외없이 돈을 요구하며 그를 이용한다. 이러한 갈등은 로리타에 대한 험버트의 갈망이 지나치게 크다는 것을 의미하면서, 동시에 험버트가 꿈꾸는 것은 로리타가 아닌 로리타에게 투영된 잃어버린 연인 아나벨 리의 환영임을 의미한다. 이상적인 과거의 기억 속에 사는 험버트와 극단적으로 대조되는 로리타의 현실성은 험버트가 아닌 퀼티의 선택으로 극대화된다. 로리타가 퀼티에게 가버리는 행위는 험버트를 지독한 '자기탐닉주의자'(solipsist), 무기력한 '이상론자'(idealist) 그리고 과거에서 벗어나지 못하는 '시대착오주의자'(anachronism)로 만들어 버린다.

큐브릭의『로리타』가 보이는 원작과의 가장 큰 차이 중의 하나는 퀼티의 역할이 확장되고 있다는 점이다. 젠킨스(Greg Jenkins)가 지적하고 있는 것처럼, 나보코프의『로리타』가 "Lolita"라는 단어로 시작하여 다시 "Lolita"로 끝나지만, 큐브릭의『로리타』는 '퀼티의 장면'으로 시작하여 다시 '퀼티의 장면'으로 끝난다. 또한 큐브릭은 원작에서 자주 등장하는 퀼티가 험버트의 양심을 자극하는 장면을 영화에서 극히 제한적으로 사용하고 있다. 이를 통한 큐브릭의 의도는, 물론 원작에서도 험버트는 퀼티를 자신의 "그림자"(shadow)라고 표현하고 있지만, 험버트와 큐브릭이 공유하고 있는 세속적인 천박함을 보다 더 강조하기 위한 것으로 볼 수 있다. 나보코프의『로리타』는 험버트 자신의 주관적 체를 걸러 제시되는 일종의 독백이다. 따라서 그 독백 속에서 험버트의 모든 행위가 지니는 실패와 과오들에 대한 옳고 그름에 대한 모든 판결은 자신이 꿈꾸는 '이상적이고 완벽한 사랑'이라는 거대한 빛 속으로 빨려 들어가고 만다. 나보코프가 1956년판『로리타』의 후문(afterward)에서 "이 이야기에 도덕은 존재하지 않는다"(there is no moral to the story)고 밝힌 이유도 이 때문이다. 반면에 큐브릭의『로리타』는 험버트의 의식 세계가 아닌 현실 세계의 빛을 통하여 그를 조망한다. 바로 이를 위하여 험버트의 그림자에 해당하는 퀼티로 영화의 시작과 끝을 감싸고 있는 것이다. 그렇다고 해서 큐브릭이 험버트가 품고 있는 이상적 사랑을 조롱하거나 종말을 고하고 있는 것은 아니다. 오히려 큐브릭은 미소녀의 초상화 뒤에 숨은 퀼티에게 험버트가 총을 쏘도록 함으로써 상징적으로 이상적 사랑과 속물적 현실 모두를 동시에 저격한다. 이를 통하여 큐브릭은 우리가 살고 있는 시대와 세상이 어떤 것인가를 직시하도록 만든다. 큐브릭이 영화에 도입한 포우의 시에서 "전설의 무덤"에 있는 잃어버린 연인의 이름인 '울라룸'(Ulalume)은 라틴어로 '울부짖다'(wail) '애도하다'(lament) 등의 의미를 지니는 'ululare'에서 차용한 것이다. 'ululare'에서 '-are'를 삭제하고 '-ume'를 첨가한 것은 시 속의 "gloom"(암울함)과 "tomb(무덤)에 운율을 맞추기 위한 것이지만, 시의 전체적 분위기인 '숙명'과 '죽음'을 의미하는 'doom'과도 운율이 맞다. 이러한 조합을 통해 큐브릭은 울라룸도, 아나벨 리도, 로리타도 이미 무덤 속에서 전설이 되어 버린 오늘날의 모습을 애도하고 있는 것이다. 이런 점에서 큐브릭의『로리타』는 나보코프의『로리타』보다 더 묵시적이다.

『불의 전차』(*Chariots of Fire*)와 블레이크(William Blake)의 「예루살렘」("Jerusalem")

『불의 전차』(*Chariots of Fire* 1981)

• 감독: 휴 허드슨(Hugh Hudson)
• 출연: 벤 크로스(Ben Cross) …………… 해롤드 에이브람스(Harold Abrahams)
이안 찰슨(Ian Charleson) ……… 에릭 리들(Eric Liddell)
니콜라스 패럴(Nicholas Farrell) … 오브리 몬태규(Aubrey Montague)

『불의 전차』는 1924년 파리 올림픽에 영국 육상 대표선수로 참가한 에릭 리들(1902-1945)과 해롤드 에이브람스(1899-1978)의 실화를 다룬 운동 영화이다. 이 영화는 1981년 아카데미 영화제에서 총 7개 부분 후보에 올라 최우수 영화상을 포함하여 4개 부분에서 수상한 바 있다. 당시 최우수 대본상을 수상한 콜린 웰랜드(Collin Welland)는 "영국인들이 오고 있다"(The British are coming)는 수상 연설로도 유명하다. 영국 출신의 배우이자 시나리오 작가인 웰랜드의 연설은『불의 전차』가 그 저변에 깔고 있는 주요한 의미 중의 하나를 간파할 수 있는 중요한 단서가 된다. 19세기에서 20세기 초엽까지 "해가 지지 않는 제국"(the sun never sets on the British Empire)을 건설했었던 영국이 한때 식민지였던 미국과 다른 열강에 밀려 평범한 군소국가로 전락한 오늘날의 모습을 감안하면, 웰랜드와 모든 영국인들의 심경은 단순히 '영국'이 아닌 '위대한 대영제국'(the Great British Empire)의 도래를 외치고 싶었을 것이다. 물론, 소위 "백인의 부담"(the White Men's Burden)으로 스스로 부여받은 '유색인의 교화(敎化)'라는 미명아래 식민지와 피식민자들에 대한 착취와 폭정으로 건설한 식민제국의 재건은 오늘날 불가능하며, 영화 또한 그러한 이데올로기와는 거리가 멀다. 다만,『불의 전차』는 과거 영국의 화려했던 시절을 가능케 한, 현대식 용어를 빌자면, 따뜻한 아날로그적 감성의 순기능을 관객들에게 제시한다. 이 영화를 운동 영화의 범주를 넘어선 위대한 영화 중의 하나로 꼽고 있는 에버트(Roger Ebert) 역시 이 점에 주목한다.

> 다른 위대한 영화처럼,『불의 전차』는 평범한 이야기를 통하여 인간 본성에 대한 보다 큰 이야기를 끌어낸다... 최근작 중 발

군의 작품인 이 영화는 그대가 진정으로 원한다면 경주에서 이길 수 있다는 믿음을 인간이 여전히 지니고 있었던 시절에 대한 추억이다.

Like many great films, Chariots of Fire takes its nominal subjects as occasions for much larger statements about human nature. . . Chariots of Fire is one of the best films of recent years, a memory of a time when men still believed you could win a race if only you wanted to badly enough.

아이러니컬하게도, 아날로그적 감성이 넘치는 이 영화의 내용과 그 어떤 컴퓨터 작업도 가미되지 않은 영상이 주는 감흥은 그리스의 작곡가인 밴젤리스(Vangelis, 본명: Evangelos Odysseas Papathanassiou: 1943-)의 당시로서는 다소 획기적이랄 수 있는 철저한 디지털 음악으로 배가된다.

『불의 전차』가 인간이 지녔던 믿음에 관한 영화라는 점은 이 작품의 제목을 제공한 블레이크(William Blake: 1757-1827)의 시「예루살렘」("Jerusalem")을 통해서도 잘 드러난다.

그리고 그 옛날 그 발들이
영국의 푸르른 산 위를 걸었단 말인가?
그리고 신성한 신의 양이
영국의 즐거운 목초 위에 보였는가?

그리고 신성한 용모가
구름 낀 언덕 위로 비추어졌는가?
그리고 이 어두운 악마의 맷돌들 가운데
예루살렘이 여기에 세워졌던가?
나의 불타는 금빛 활을 다오:

나의 욕망의 화살을 다오:
나의 창을 다오, 오 구름이여 펼쳐져라!
나의 불의 전차를 다오.

나는 정신적 투지를 멈추지 않으리라,
나의 칼은 내 손에서 잠들지 않으리라
우리가 예루살렘을 건설할 그날까지
푸르고 기쁜 영국의 땅 안에서.

And did those feet in ancient time
Walk upon England's mountains green?
And was the holy Lamb of God,
On England's pleasant pastures seen?

And did the Countenance Divine,
Shine forth upon our clouded hills?
And was Jerusalem builded here,
Among these dark Satanic Mills?

Bring me my Bow of burning gold:
Bring me my Arrows of desire:
Bring me my Spear: O clouds unfold!
Bring me my Chariot of fire.

I will not cease from Mental Fight,
Nor shall my Sword sleep in my hand
Till we have built Jerusalem,
In England's green & pleasant Land.

원래 이 시는 블레이크가 1804년에 쓴 장편 서사시 『밀튼』(*Milton*)의 서문이었으나, 1916년 휴버트 패리 경(Sir Hubert Parry: 1848-1918)이 찬송가로 만든 후 독립적으로 알려지게 되었다. 이 시는 젊은 예수님이 아리마대 요셉(Joseph of Arimathea)과 함께 현재의 잉글랜드와 글래스톤베리(Glastonbury) 일대를 여행하셨다는『경외서』(*Apocrypha*)의 이야기와『계시록』(*the Book of Revelation*) 3장 12절과 21장 2절의 예수님의 "재림"과 이후의 "신 예루살렘"(a new Jerusalem)의 건설을 토대로 하고 있다. 따라서 이 시는 과거 예수님이 영국을 방문하셨을 때 예루살렘이 건설되었으니, 그 뒤를 이어 또 다시 예루살렘을 영국에 건설하자는 블레이크의 확신과 분투를 보여주고 있다. 이 과정에서 중요한 것은 예수님이 건설한 첫 번째 예루살렘이 어째서 영국에서 사라졌으며, 그것을 다시 회복시키기 위해서 필요한 것이 무엇인가 하는 점이다. 두 번째 연에서 블레이크는 영국의 대지에 "구름 낀" 이유를 "어두운 악마의 맷돌"로 설명하고 있다. 많은 비평가들은 이 맷돌이 블레이크의 집에서 멀지 않은 곳에 있었던 영국 최초의 현대식 공장인 "알비온 제분소"(the Albion Flour Mills)를 의미한다고 한다. 매튜 볼턴(Matthew Boulton)과 제이스 와트(James Watt)가 고안한 '증기 윤전 제분기'(a rotary steam-powered flour mill)와 존 레니(John Rennie)가 고안한 '제분 기어'(grinding gear)를 구비한 이 공장은 당시로는 상상하기 어려운 양인 일주일에 6, 000부셀(약 12,000말)을 가공하였다고 한다. 이러한 급격한 산업혁명을 지켜보는 블레이크의 시선은 블레이크의 후기 예언 시 중의 한 편이며, 이 시와 동일한 제목을 지닌『예루살렘』(*Jerusalem*)의 3장에 잘 드러난다.

> 그들은 유리즌의 아들들에게 쟁기와 써래와 직물기와
> 망치와 정과 자와 컴퍼스를 남겨 주었다. 그들은 런던에서 벗어나
> 체비엇에서 칼을 만들고, 아난데일에선 전투용 마차와 도끼
> 싸움에 적합한 나팔과 여름 휴전 시에 쓸 플룻도 만들었다

그리고 그것들은 영국에서 모든 삶의 기술들을 죽음의
기술들로 바꾸었다.

Then left the Sons of Urizen the plow & harrow, the loom
The hammer & the chisel, & the rule & compasses; from London fleeing
They forg'd the sword on Cheviot, the chariot of war & the battle-ax,
The trumpet fitted to mortal battle, & the flute of summer in Annandale
And all the Arts of Life, they changed into the Arts of Death in Albion.
(*Jerusalem*, Chapter 3: Plate 65, 12-16)

블레이크만의 독특한 신화체계에서 유리즌은 인간세계를 지배하는 관습적 이성과 법률을 담당하는 인물이다. 따라서 위의 시는 과학적이고 합리적인 인간의 이성이 오용되었을 경우 파생되는 파괴적인 속성을 잘 보여준다. 동시에 블레이크는 당대에 진행되는 산업혁명이 인간의 삶이 지닌 "기술" 즉, 대지와 자연에 인간이 직접 접하면서 체험하는 정서적 교감까지를 파괴시키는 것으로 보고 있다. 이를 근거로 볼 때, "어두운 악마의 맷돌"을 자연과 인간의 관계를 파괴하는 초기 산업혁명으로 보는 리엔하드(John H. Lienhard)의 지적은 매우 적절하다. 따라서 「예루살렘」의 2연은 영국에서 과거 예수님이 세웠던 예루살렘이 왜 지금은 사라졌는가에 대한 이유를 설명하며, 3연과 4연은 예루살렘의 재건을 위하여 요구되는 것과 시인 자신의 결의를 보여 주는 것으로 해석할 수 있다. 3연에서 블레이크는 "금빛 활"과 "욕망의 화살"과 "창" 그리고 "불의 전차"를 기원한다. 이 불의 전차는 『열왕기 하』(*2 Kings*) 2장 11절에서 선지자 엘리야(Elijah)가 하늘로 올라 갈 때 신께서 보낸 주신 것으로, 블레이크는 이 구절을 빌어 예루살렘의 건설을 위한 활력을 신에게 갈구한다. 4연에서 블레이크는 자신의 측면 즉 인간의 측면에서 예루살렘의 건설을 위하여 요구되는 가장 중요한 것으로 "정신적 분투"를 제시한다. 이 "정신적 분투"는 인간의 정신을 파괴하는 "어두운 악마의 맷돌"의 출현으로 인하여 더 절실히 요구되며 인간 세상이 과학과 합리적 이성으로 무장하여 문명화 혹은 현대화될수록 더더욱 그 필요성이 증강된다. 블레이크의 후기시가 "예언 시"(prophetic poetry)라고 불리는 이유는 바로 이러한 시대를 앞지른 선견지명에 있는 것이다.

『불의 전차』에서 블레이크의 시는 영화의 마지막 장면에서 예배가 끝날 무렵 찬송가로 불린다. 리들과 에이브람스는 어떠한 문명의 도구를 사용하지 않고 오로지 인간의 신체만을 사용하는 달리기 선수이다. 리들은 종교적 신념을 위하여 달리며 에이브람스는 인종적 편견을 극복하기 위하여 달린다. 따라서 달리기라는 "불의 전차"를 탄 그들의 질주는, 블레이크의 용어를 빌자면, "멈추지 않고" "잠들지 않는" "정신적 분투"인 것이다. "신이 나를 만드신 목적이 있다는 것을 압니다. 허나 신께서는 또한 나를 빨리 달릴 수 있도록 만드셨습니다. 해서 나는 달릴 때, 신께서 즐거워하시고 계심을 느낍니다"(I believe God made me for a purpose, but he also made me fast. And when I run I feel His pleasure)라는 리들의 언급은 그의 "정신적 분투"

의 목적을 분명히 보여준다. 리들에게는 영국 왕실과 올림픽 위원회의 압력이, 에이브람스에게는 케임브릿지 대학의 압력이 그들의 정신적 분투를 와해하려는 일종의 "어두운 악마의 맷돌"로 작용한다. 그러나 그들은 개인적 믿음이 사회적 제도적 억압을 이겨낼 수 있음을 보여준다. 『불의 전차』는 이미 기계를 넘어선 디지털 문명의 홍수 속에 침몰한 현대인들에게 인간 본연의 가치와 그 가치를 지키기 위하여 요구되는 것이 무엇인지를 보여주는 것이다. 이런 점에서 『불의 전차』에 대한 또 다른 이해를 위해 "불의 전차"가 등장하는 『열왕기 하』에서의 선지자 엘리야(Elijah)와 그의 후계자 엘리사(Elisha)의 이야기를 주목할 필요가 있다. 믿음의 사역을 마치고 불의 전차를 타고 하늘로 올라가는 엘리아를 보며 엘리사는 그의 직분을 이어 받는다. 이러한 대물림은 엘리야가 엘리사에게는 남기고 간 겉옷이 상징적으로 보여준다. 이는 블레이크가 예수님이 영국에 세웠던 예루살렘을 다시 건설하겠다는 과업의 대물림과도 마찬가지이다. 또한 이어 달리기에서의 배턴 터치(baton passing)처럼 리들과 에이브람스는 우리 관객들에게 과거의 추억이 되어버린 "진정으로 원한다면 경주에서 이길 수 있다는 믿음"을 일깨워 배턴 터치해주고 있는 것이다.

『소피의 선택』(*Sophie's Choice*)과 디킨슨(Emily Dickinson)의 「내가 죽음을 위해 멈춰 설 수 없기에」("Because I Could Not Stop For Death")

『소피의 선택』(*Sophie's Choice* 1982)

- 감독: 앨런 파쿨라(Alan J. Pakula)
- 원작: 윌리엄 스타이런(William Styron)
- 출연: 메릴 스트립(Meryl Streep) ……… 소피 자비스토브스키(Sophie Zawistowski)
  케빈 클라인(Kevin Kline) ……… 네이선 랜도우(Nathan Landau)
  피터 맥니콜(Peter MacNicol) …… 스팅고(Stingo)

영화『소피의 선택』은 윌리엄 스타이런(William Styron: 1925 - 2006)이 1979년에 발표한 동명의 소설을 원작으로 앨런 파쿨라(Alan J. Pakula) 감독이 각색하고 연출하였다. 이 작품은 나래이터인 스팅고(Stingo)가 충격적인 경험을 통하여 세상을 배우게 되고 그 결과로써 보다 성숙한다는 '개안소설'(bildungsroman)의 틀을 지니고 있다. 남부 출신인 그가 뉴욕 브룩클린으로의 여행을 "탐험의 여정"(voyage of discovery)이라 부른 이유도 이 때문이라 할 수 있다. 그가 소피와 네이선이라는 인물을 통하여 무엇을 배울 것인가는 영화 시작 부분의 짧은 독백을 통하여 암시되고 있다. 그는 소설가를 지망하는 자신이 "사랑"과 "죽음"에 대하여 아는 바가 너무 적음을 고백하고 있다(my spirit had remained locked unacquainted with love and a stranger to death). 스팅고의 이러한 고백은 이 작품의 전반적인 흐름을 이해하는 데 매우 중요한 단서를 제공한다.

프로이드(Sigmund Freud: 1856-1939)는 인간의 "성적 욕망" (sexual desires)은 사회 관습이나 현실 등과 갈등을 빚지만, 그 갈등의 만족스러운 해결책은 존재하기 어렵다고 본다. 따라서 일종의 탈출구로 인간은 다소 놀랍고도 불손한 방법 즉, 공격적이고 파괴적인 행동을 표출하게 된다는 것이다[10]. 이를 토대로 프로이드는 인간이 지닌 가장 근본적인 욕망을 인간의 모든 생산적인 행동과 연결된 "성 본능"(Eros)과 모든 파괴적인 행위와 연결된 "죽음의 본능"(Thanatos)으로 보았다. 그리고 이 두 본능은 인간의 삶 속에서 끊임없이 갈등을 일으키고 있다고 주장한 바 있다.『소피의 선택』은 "유

10) 참고. 공격을 의미하는 "aggression"이 의학용어로 "욕구불만에 기인한 공격성"이라는 뜻을 지니게 된 것도 바로 이 때문이다.

태인 대학살"(The holocaust)이라는 인류의 커다란 비극을 토대로 하고 있기 때문에 여타의 주제들은 간과되기 쉽다. 그리하여 미국에서의 소피와 그녀가 집착하는 인물인 네이선의 돌발적인 행동들이 단순히 과거의 비극을 잊기 위한 소피의 의도적인 선택으로 치부되기 쉽다. 그러나 전체적으로 보아 이 작품은 누군가는 그러한 참혹한 비극을 만들어 내고, 또한 누군가는 그러한 비극을 잊기 위하여 술과 외도, 그리고 거짓말에 의존하는 인간의 본능에 대한 탐구이다. 스팅고는 소피와의 격렬한 하룻밤을 보낸 후 그녀의 열정이 무엇 때문이었는지를 간파한다. 그러나 동시에 그는 또한 그녀의 욕망을 본다.

> 그녀의 욕망은 모든 것을 잊게 해주는 육체적 환희로의 몰입이자, 과거의 모든 기억과 슬픔으로 부터 탈출하기 위한 몸부림이었다. 아니 그것 이상이 있음을 나는 알겠다. 그것은 죽음을 물리치려는 처절한 광란의 몸짓이었음을.

> Sophie's lust was both a plunge into carnal oblivion and a flight from memory and grief. More than that, I now see. It was a frantic and orgiastic attempt to beat back death.

이처럼 이 작품에서 인간의 욕망은 매우 중요한 구심점 역할을 한다. 스팅고가 처음 소피와 네이선이라는 위층에 사는 이웃의 존재를 알게 된 것은 두 사람이 사랑을 나누면서 내는 삐걱거리는 침대 소리였으며, 소피의 첫 고백은 네이선이 없는 동안 둘 사이의 미묘한 분위기에서 이루어지고 최후의 고백 역시 둘이 네이선을 피해 도주한 호텔에서 이루어진다. 또한 결정적으로 소피와 네이선이 자살한 곳도 침대 위였다. 그리고 이 작품에서 이러한 성적인 장면들은 침대에서의 자살을 통하여 잘 드러나는 것처럼 언제나 직접 혹은 간접적으로 죽음과 연계되어 있다. 면밀한 관찰이 요구되지만, 첫 장면에서 사랑을 나눈 후 죽음과 연관된 치명적인 질병의 이름을 나열하는 소피와 네이선의 격렬한 싸움 장면도 마찬가지이다.

결과적으로『소피의 선택』은 인간의 욕망 사이에서 자의에 의한 것이든 혹은 타의에 의한 것이든 "선택"의 문제를 탐구한 작품이다. 이 작품을 소피의 경험을 중심으로 시간적 순서로 재배열한다면, 미국 이전의 과거를 강하게 지배하는 것은 인간의 파괴적인 욕망(thanatos)이다. 소피는 전적으로 그러한 파괴적인 욕망의 희생자이다. 먼저 그녀는 유태인 학살에 동조하는 그의 아버지의 반유태주의(Anti-Semitism)의 희생자였으며, 동시에 유태인과 더불어 폴란드인을 학살한 나치즘(Nazism)의 희생자이기도 했다. 전쟁이라는 인류의 가장 큰 비극을 초래하는 인간의 파괴적인 욕망은 소피를 딸과 아들 중에서 죽음을 면할 한 명만을 선택하라는 인간으로서는 불가능한 선택으로 내몰게 된다. 소피의 좌절감은 "신은 이미 내게 등을 돌리고 있었다"(I knew that Christ had turned his face away from me)라는 짤막한 언급으로 극대화되고 있다. 인간의 욕망을 신이 제어하지 못한다는 신에 대한 소피의 자괴감은 자살로 이어진다. 그러나 그녀의 자살은 미수에 그침으로써 결국 그녀는 자신이 내린 선택에서 실패한다.

미국에서의 소피의 삶은 과거의 상흔(傷痕)을 지우기 위한 몸부림이다. 이런 점에서 소피의 현재의 삶에서도 역시 강요된 선택이 부여되었다고 할 수 있다. 그러나 이러한 강요된 커다란 선택 속에서 소피는 자신의 주체적인 선택을 하게 된다. 과거 그녀의 주체적인 선택이 파괴적 욕망인 자살로 이어졌다면, 미국에서의 첫 번째 소피의 선택은 대부분 성적 욕망(eros)과 연결되어 있다. 그녀가 네이선을 선택한 것이다. 평상시와 발작시의 급변하는 태도를 통하여 잘 드러나는 것처럼, 네이선은 성적 욕망과 파괴적 욕망이 공존하는 인물이다. 소피에게는 보다 안락하며 동시에 그녀의 성적 욕망을 생산적인 것으로 발전시킬 수 있는 인물인 스팅고를 선택할 수 있는 기회가 부여되기도 한다. 남부의 비교적 넉넉한 집안 출신이자 스물 두 살의 "거칠 것 없는 성적 욕구"(relentless all consuming hornyness)에 불타는 스팅고를 그녀가 선택했다면, 그녀의 여생에서 불행했던 과거가 조금이나마 잊혀질 수도 있었을 것이다. 그러나 그녀는 그 성격만큼이나 미래도 불확실한 네이선을 선택한다. 이러한 소피의 선택은 인간의 파괴적 욕망의 희생자인 그녀가 단순히 성적 욕망을 통하여 과거의 삶을 희석시키려 한다는 것 이상을 드러낸다. 오히려 그녀의 선택은, 세 사람이 휴일날 코니 아일랜드(Coney Island)에서 즐기던 롤러코스터의 급작스러운 상승과 하강처럼, 사랑과 죽음이 뒤섞인 비극적이고 혼돈스러운 세상과 화해를 시도하고 있음을 보여준다. 이 점은 그녀가 좋아하던 에밀리 디킨슨(Emily Dickinson: 1830-1886)의 시「내가 죽음을 위해 멈춰 설 수 없기에」("Because I Could Not Stop For Death")를 통해서 절묘하게 암시되고 있다.

> 27
> 죽음을 위해 내가 멈출 수 없기에 -
> 친절하게도 그가 나를 위해 멈춰주었네 -
> 그 마차의 손님은 우리들 자신뿐 아니라 -
> 불멸까지.

우리는 천천히 달렸지 - 그는 결코 서두르지도 않고,
그의 친절한 배려에
나의 모든 일도 여가도
모두 떨쳐 버렸지 -

아이들이 휴식시간에 둥글게 모여 -
놀고 있는 학교를 지나고
낟알이 지긋이 바라보는 들판도 지나고 -
지는 태양도 지나쳤지 -

아니 오히려 태양이 나를 지나쳤으리라 -
이슬은 차디차게 떨며 살갗을 파고 드네 -
내가 걸친 것이라곤 얇은 윗도리에 -
명주 목도리뿐이기에 -

우리는 마치 땅이 부풀어 오른
집 앞에서 멈추었네 -
지붕은 반만 보이고
처마는 속으로 묻혀버린 -

그날 이후로 - 몇 세기가 지났지만
하루보다 짧게 느껴지는 것은
난 처음부터 알고 있었기에, 우리 마차는
영원을 향하고 있었음을 -

XXVII
Because I could not stop for Death -
He kindly stopped for me -
The Carriage held but just Ourselves -
And Immortality.

We slowly drove - He knew no haste
And I had put away
My labor and my leisure too,
For His Civility -

We passed the School, where Children strove
At Recess - in the Ring -
We passed the Fields of Gazing Grain -
We passed the Setting Sun -

Or rather - He passed us -
The Dews drew quivering and chill -
For only Gossamer, my Gown -
My Tippet - only Tulle -

We paused before a House that seemed
A Swelling of the Ground -
The Roof was scarcely visible -
The Cornice - in the Ground -

Since then - 'tis Centuries - and yet
Feels shorter than the Day
I first surmised the Horses' Heads
Were toward Eternity -

청교도적 신앙생활에 철저했던 디킨슨의 생애에 비추어 보아, 이 시에서 친절하고 공손한 마부로 의인화된 죽음과 그 죽음을 자발적으로 수용하는 인간의 태도는 종교를 토대로 하고 있다고 볼 수 있다. 동시에 프로이드적 관점에서 보자면, 인간이 지닌 '죽음의 욕구'(thanatos)를 토대로 하고 있다. 바로 이 점이 공포와 회피의 대상인 죽음이 보다 친근하게 다가오는 근본적인 요인이 된다. 죽음이 절대적인 단절이 아닌 "삶—죽음—영원"으로 이어지는 이 작품의 구조적인 틀 역시 죽음의 공포를 누그러뜨리는 데 일조하고 있다. 그러나 이 시가 독자들에게 제공하는 가장 큰 매력과 깊이는 인간 현실 혹은 인간의 본성 속에 공존하는 모든 극단적인 것들을 따뜻하게 포용하고 있다는 점이다. 먼저 죽음의 "친절함"을, 삶은 "공손함"으로 받아들이면서 서로를 수용하고 있다. 단절로만 여겨지던 죽음을 통하여 오히려 "하루"라는 한계가 "영원"이라는 무한으로 이어진다. 또한 인생의 "노동"은 죽음의 "휴식"으로 완성된다. 우리의 육신을 파고드는 찬 "이슬"이 내리는 현세는 망자를 받아들이는 따사로운 "태양"이 반기는 내세를 지나 다시 "땅이 부풀어 오른 집"인 포근한 현세의 무덤으로 이어진다. 이 시에서 하루가 수 백 년을 의미하는 것으로 미루어 보아, 3연에서 "아이들"은 인간의 유년기를 "낟알"은 중·장년기, 그리고 "지는 태양"은 노년기를 의미한다고 볼 수 있다. 이렇게 볼 때, 아이러니컬하게도 시인은 죽음이 모는 마차를 타고서야 자신의 인생과 나아가 인간의 삶을 관조하게 된다. 이는 달리 말하자면 삶과 죽음의 연계성은 그만큼 강하다는 것을 의미하기도 한다.

소피가 디킨슨의 시에 깊은 공감대를 느낀다는 것은 쉽게 짐작할 수 있다. "잊었어, 소피? 우린 죽어가고 있다는 걸"(Don't you see, Sophie? We're dying)이라는 네이선의 말대로 소피의 삶에는 삶과 죽음이 공존하고 있다. 그녀가 네이선을 선택하고 그에게 집착하는 또 다른 이유는 그 역시 그녀처럼 삶과 죽음이 공존하고 있는 인물이기 때문이기도 하다. 따라서 디킨슨의 시는 내면적으로는 삶과 죽음 달리 말하자면 성적 욕망과 죽음의 욕망이 혼재된 그녀의 삶에 대한 일종의 해답으로 다가온다. 비록 그녀는 신이 자신을 버렸다고 믿고 있지만, 기독교도인 소피에게 자살은 해서는 안 되는 선택이다. 그러나 소피가 내린 최후의 선택은 그녀가 스웨덴의 난민 수용소에서 시도했던 자살과는 확연한 차이를 보인다. 과거의 그것이 파괴적 욕망이 득세하는 인간 현실을 벗어나기 위한 것이라면, 그녀의 최후의 선택은 전쟁을 낳는 인간의 파괴적인 욕망과 인류를 지탱해 나가는 인간의 생산적 욕망을 아우르는 화해와 용서이기 때문이다. 이 점은 소피가 자신이 내린 최후의 선택의 동반자로 네이선을 선택한다는 사실을 통해서도 드러난다. 네이선은 바로 인간의 모든 욕망이 극단적으로 혼재되어 있는 인물이기 때문이다. 그녀가 그를 버리지 못한 것은 상징적으로 그 어떤 인간도 그 두 가지 욕망에서 자유로울 수 없다는 것을 의미하기도 한다. 따라서 그녀에게 있어 네이선은 모든 인간의 척도와도 같은 인물인 것이다. 이런 점에서 그녀와 네이선의 포옹은 인간의 파괴적 욕망의 철저한 희생자였던 그녀가 인간에게 내미는 화해의 포옹이자, 최후의 길을 네이선과 함께 떠나는 그녀의 동반은 모든 인간적 욕망에 대한 수용인 것이다. 스팅고가 두 사람이 죽어간 침상 머리맡에서 읽어주는 또 다른 디킨슨의 시 「침상을 넓게 펼치라」("Ample Make This Bed")는 소피가 내린 최종적 선택의 의미가 어디까지 확대될 수 있는가를 가늠케 해 준다.

63
침상을 넓게 펼치라.
벅찬 두려움으로 자리에 들어,

기다리라, 심판의 새벽이
더할 수 없이 청명하게 빛날 때 까지.

이불깃 똑바로 접고
베갯잇 두둑이 하여
아침 햇살의 노란 소음마저도
감히 이 침상을 훼방치 못하게 하라.

LXIII
Ample make this bed.
Make this bed with awe;
In it wait till judgment break
Excellent and fair.

Be its mattress straight,
Be its pillow round;
Let no sunrise' yellow noise
Interrupt this ground.

비록 8행의 비교적 짧은 시지만, 그 자체만을 놓고 보자면 이 시는 매우 다양한 해석을 낳을 수 있다. 가장 극단적인 해석은 시 속의 침상이 무엇을 의미하는가 하는 점이다. 먼저 시 속의 침상은 무덤을 의미하는 죽음의 침상이 될 수 도 있다. 그러나 3행의 "심판의 새벽"을 빼고 보면, 아침이 오는 것을 달콤한 신혼의 밤을 깨는 "소음"으로 여기는 신혼부부의 달콤한 침상이기도 하다. 이런 상반된 해석은『소피의 선택』에서의 마지막 장면과 절묘하게 부합한다. 즉, 이 침상은 인간의 성적 욕망과 파괴적 욕망이 혼재된 침상이라는 것이다. 이러한 인간 본능의 혼재는 비단『소피의 선택』에서 만이 아니라, 시 자체에서도 충분히 유추될 수 있다. 시에서 디킨슨은 침상과 그 위에서의 잠이라는 인간의 삶에서 가장 일상적인 공간과 행위를 통하여 죽음을 설정하고 있다. 이러한 일상성이 결국 인간의 본능과 연결되기 때문이다. 또한 이 시에서의 침상은 기존의 침상과는 차이를 보인다. 일반적으로 침상은 혼자 혹은 두 사람 만을 위한 것이지만, 이 시에서의 침상은 "광대한"(ample) 크기를 지니고 있다. 이 여유로운 공간은 상징적으로 이 침상이 인간이 단순히 잠을 자는 물리적 공간이 아닌 삶과 죽음의 공시성이 확보된 보다 확장된 의미의 공간임을 암시한다. 이 공간에 "경외감"(awe)이 배어있고, 이 공간에 침입하는 것은 "아침 햇살"까지도 "소음"이 되어 버리는 것도, 그리고 이 공간이 말미에 "대지"(the ground)로 까지 확대되는 것도 바로 이 때문이다. 스팅고는 소피의 마지막 선택이 지니는 의미를 성인의 눈으로 개관한다.

> 이렇게 브룩클린이라는 묘한 장소에서 나의 인간탐구는 끝이 났다. 나는 소피와 네이선 뿐 아니라 이 세상에서 억울하게 박해 받고 배신당하고 죽어간 사람들과 어린이들에게 크나 큰 슬픔과 분노를 느꼈다. 내가 다시 눈을 떴을 때, 아침 안개 자욱한 강물 위에 아침 첫 햇살이 부서지고 있었다. 그것은 심판의 날이 아니라 그저 또 하나의 아침이었다. 아침, 더할 수 없이 청명히 빛나는.

> And so ended my voyage of discovery in a place as strange as Brooklyn. I let go the rage and sorrow for Sophie and Nathan and for the many others who were but a few of the butchered and betrayed and martyred children of the Earth. When I could finally see again, I saw the first rays of daylight reflected in the murky river. This was not judgment day. Only morning. Morning, excellent and fair.

조그만 샘물이 강을 거쳐 거대한 대양으로 흘러가듯, 소피의 작은 선택은 모든 인간의 욕망을 아우르며 처벌이라는 단절이 아닌 화해와 용서라는 연결과 결속으로 이어진다. 그것이 언제일지는 몰라도, "심판의 날"까지 인간의 삶은 그 두 욕망 속에서 계속 되어 질 것이기 때문이다. 바로 이 점이 스팅고가 그녀의 삶과 죽음을 통하여 얻게 된 성숙의 결과이다.『소피의 선택』에서 스팅고는 본명이 아닌 필명이다. 그가 세상에 알려진다면 세상은 그의 이름을 소피를 통해 이해하게 될 것이다. 스팅고라는 이름이 지닌 이러한 가변성은 스팅고의 경험이 우리 모두의 경험이 되기를 기원하는 작가의 섬세한 배려라 할 수 있다.

『한나와 그 자매들』(*Hannah and Her Sisters*)과 커밍스(e. e. cummings)의 「내가 아직 가 본 적 없는 어느 곳에서」 ("somewhere i have never travelled")

『한나와 그 자매들』(*Hannah and Her Sisters* 1986)

- 감독: 우디 앨런(Woody Allen)
- 출연: 미아 패로우(Mia Farrow) ………… 한나(Hannah)
  다이앤 위스트(Dianne Wiest) …… 홀리(Holly)
  바바라 허쉬(Barbara Hershey) … 리(Lee)
  마이클 케인(Michael Caine) …… 엘리엇(Elliot)
  우디 앨런(Woody Allen) ………… 미키(Mickey)

『한나와 그 자매들』은 우리에게 한국 출신인 순이(Soon-Yi Previn, 결혼 전 이름은 Soon-Yi Farrow Previn)와의 사랑과 결혼으로 더 잘 알려진 우디 앨런의 작품이다. 희극배우(comedian)로 출발하여 감독이 된 탓에 그의 작품 대부분은 희극(comedy)이며, 이 작품 또한 표면적으로는 희극에 속한다. 그러나 "미국영화협회"(The American Film Institute)가 1997년에 이 작품을 "가장 웃긴 100편의 영화", "위대한 100편의 사랑이야기", "위대한 100편의 영화" 각각의 목록에 올렸다는 사실은 이 작품이 단순한 희극에 그치고 있지 않음을 잘 보여준다. 이 작품에 대한 비평가들의 평가는 극찬에 가깝다. 시스켈(Gene Siskel)은 이 작품을 1986년에 개봉된 최고의 3편 중 한편으로 꼽았으며, 캔비(Vincent Canby)는 이 작품을 "앨런 자신은 물론 미국 영화제작자들에게 새로운 기준을 제시한"(sets new standards for Mr. Allen as well as for all American movie makers) 영화로 평가한 바 있다. 한편 에버트(Roger Ebert)는 이 작품을 "앨런이 만든 최고의 영화"(the best movie Woody Allen has ever made)로 꼽고 있다. 동시에 이 작품을 보는 에버트의 시각은 이 작품은 물론 우디 앨런의 작품 세계를 이해하는 데 도움이 된다.

> 이 영화는, 큰 웃음이 존재하지만, 희극이 아니다, 또한 비극도 아니다, 그러나 이 영화를 찬찬히 곱씹어 보면 비극적일 수 도 있다.
>
> The movie is not a comedy, but it contains big laughs, and it is not a tragedy, although it could be if we thought about it long enough.

결과적으로, 희극과 비극이 공존한다는 것이다. 카프시스와 코블렌츠(Robert E. Kapsis and Kathie Coblentz)가 편집한 『우디 앨런과의 인터뷰』(*Woody Allen: Interviews (Conversations With Filmmakers Series)*, 2006)의 첫 부제는 "앨런이 희극은 그저 웃고 넘기는 것이 아니다고 말하다"(Woody Allen Says Comedy Is No Laughing Matter)이다. 앨런이 이처럼 진지한 희극관을 지니게 된 이유는 "성과 죽음은 (내가) 가장 선호하는 두 가지의 강박관념이다"(Sex and death are two favorite obsessions)며 그 스스로가 밝힌 강박관념에서 찾을 수 있다. 그의 이 강박관념은 프로이드(Sigmund Freud: 1856-1939)가 언급한 인간이 지닌 가장 근본적인 욕망, 즉 인간의 모든 생산적인 행동과 연결된 "성본능"(Eros)과 모든 파괴적인 행위와 연결된 "죽음의 본능"(Thanatos)과도 일치한다. 프로이드는 이 두 본능이 인간의 삶 속에서 끊임없이 갈등을 일으키고 있다고 주장한다. 결과적으로 가장 근본적이면서도 서로 극단적인 인간의 본능과 욕망이 혼재되어 드러나는 희극이 우디 앨런의 희극이라 할 수 있다.

『한나와 그 자매들』은 두 번의 추수감사절 저녁 모임을 중심으로, 첫 번째 모임에서 보이던 각각의 갈등이 두 번째 모임에서 해소되는 비교적 단순한 구성을 보인다. 이러한 단순함은 각각의 인물들의 관계가 자매, 부모, 전처 혹은 처제 등등의 인간이 맺는 관계 중에서 가장 가깝고도 단순한 관계로 이어진다. 그러나 이러한 단순함과 가까움이, 법적으로는 하자가 없지만 사회 통념적으로는 근친이랄 수 있는, 전처의 처제 혹은 현재의 처제와의 '성적(性的)인 사랑'과 결부되면 매우 복잡한 양상을 띠게 된다. 이를 면밀히 들여다보면 '사랑'(eros)의 욕구가 관습과 통념을 해체하고 파괴하고자 하는 '파괴'(Thanatos)의 욕구가 혼재되어 있음을 알 수 있다. 영화 속에서 두 욕구 사이에서 갈등을 겪는 대표적 인물은 처제 리를 갈망하는 엘리엇이다. 그는 그녀에게 커밍스(e. e. cummings: 1894-1962)의 시집을 사주고 112쪽의「내가 결코 가 본 적 없는 어느 곳에서」("somewhere i have never travelled, gladly beyond")를 읽어 보라 권한다.

내가 아직 가 본 적 없는 어느 곳에서, 모든 경험을
기꺼이 초월하여, 그대 눈은 침묵을 지닌다.
그대의 가장 연약한 동작 속에는 나를 감싸는 것들이,
혹은 너무 가까워 내가 만질 수 없는 것들이 있다

그대의 가장 가녀린 눈길조차도 나를 열 것이다
비록 내가 나를 손가락처럼 닫았을지라도,
마치 **봄**이 첫 장미를 (교묘히 신비롭게매만지며) 열게 하듯이
그대는 항상 나의 꽃잎 하나하나를 연다

혹 그대의 소망이 나를 닫는 것이라면, 나와
내 인생은 매우 아름답게 ,갑자기 닫히리니,
마치 이 꽃의 심장이 사방에 조심스럽게 내리는
저 눈송이를 꿈꿀 때처럼,

이 세계에서 우리가 인지해야 하는 그 어떤 것도
그대의 강렬한 연약함의 힘만 못 하다,그 감촉은
그 곳의 빛깔로 나를 굴복 시킨다,
죽음과 영원에 호흡을 주며

(나는 닫았다 열었다 하는 것이 그대의 무엇인지는
모르나, 단지 내 속의 무엇인가는 이해합니다
그대 눈의 소리가 모든 장미들보다 더 깊음을)
그 누구도, 비조차도, 그런 작은 손은 가지고 있지는 않다.

somewhere i have never travelled, gladly beyond
any experience, your eyes have their silence:
in your most frail gesture are things which enclose me,
or which i cannot touch because they are too near

your slightest look easily will unclose me
though i have closed myself as fingers,
you open always petal by petal myself as Spring opens
(touching skilfully,mysteriously)her first rose

or if your wish be to close me, i and
my life will shut very beautifully ,suddenly,
as when the heart of this flower imagines
the snow carefully everywhere descending;

nothing which we are to perceive in this world equals
the power of your intense fragility:whose texture
compels me with the color of its countries,
rendering death and forever with each breathing

(i do not know what it is about you that closes
and opens;only something in me understands
the voice of your eyes is deeper than all roses)
nobody,not even the rain,has such small hands

커밍스의 대다수의 시들이 사랑 시이지만, 많은 비평가들은 이 시를 커밍스 최고의 사랑 시로 꼽는다. 이는 무엇보다도 그의 평가를 극단적으로 만든 주요 원인 중의 하나인 문법이나 구문의 의도적인 왜곡이 이 시에서는 그다지 두드러지지 않고 따라서 시의 내용에 초점을 맞출 수 있기 때문으로 볼 수 있다. 사랑하는 연인에 대한 화자의 깊은 감정을 노래한 이 시에서 가장 두드러지는 수사법은 '모순어법'(oxymoron)이다. 제 1연의 "너무 *가까워* 내가 *만질 수 없는 것*", 2연의 "나를 *열 것이다*... *닫았을지라도*", 3연의 "*매우 아름답게, 갑자기 닫히리니*"와 "이 *꽃의 심장*이 ... 저 *눈송이*를 *꿈꿀 때*", 4연의 "그대의 *강렬한 연약함의 힘*"과 "*죽음과 영원에 호흡을 주며*", 5연의 "*모르나*... *이해합니다*" 등이 이 시를 구조적으로 지탱하는 모순어법들이다. 동시에 커밍스가 이 시를 쓸 1930년 초엽의 미국은 '경제 대공황'(the Great Depression)의 소용돌이에 빠져 있음을 감안 할 때, 커밍스의 사랑 시는 비현실적인 사치로 치부될 수 있는 모순적 상황도 존재한다.

논리적 사고를 거부하는 모순어법은 이 시의 첫 행에서 제시된 '여행'(travelled)이 지극히 감정적인 것임을 암시한다. 이 점은 그 여행이 사랑하는 연인의 눈에서 시작되어 손에서 끝난다는 점으로도 드러난다. 이러한 사랑하는 여인의 신체 각기의 부분을 탐색하는 감정적인 여정과 동시에 "장미" "봄" 등등의 이미저리로 충만하다는 점에서 일견 이 시는 사랑 시의 전통을 따르는 듯 보인다. 그러나, 제 1연의 두 번째 행에서 "그대 눈은 침묵을 지닌다"는 구절은 많은 사랑 시에서 흔히 보이던 '그대 눈은 ... 말한다'(your eyes speak . . .)는 상투어를 감안하면 대단히 파격적이다. 또한 동시에 아름다운 눈을 '사랑'(eros)으로 침묵을 '죽음'(thanatos)으로 보자면 이 파격은 모순어법에서 생겨나는 것임을 알 수 있다. 이 시에서 사랑과 죽음의 혼재는 "열고 닫는"(closes and opens) 행위를 통해서 가장 빈번하게 그리고 뚜렷하게 제시된다. 시인은 사랑하는 그대를 만질 수 도 없고 "그대의 무엇"이 자신에게 '삶과 죽음'(열고 닫음)을 부여하는지도 모르지만, "교묘히신비롭게 매만지며" 열리게 하고 "매우 아름답게" ,갑자기" 닫힐 것을 알고 "기꺼이" 굴복한다. 이러한 철저한 수용이 1연과 마지막 연에서의 그대 눈을 대하는 시인의 차이 즉, "침묵을 지닌" 눈에서 출발하여 "그대 눈의 소리가 모든 장미들보다 더 깊음을 . . . 이해합니다"는 개안을 낳게 되는 것이다. 결과적으로 이 시는 사랑을 노래하면서 '사랑하는 대상의 아름다움'이나 '만나는 즐거움' 혹은 '이별의 상심'이라는 일관적인 흐름을 거부한다. 오히려 "그대의 강렬한 연약함의 힘"에 극단적으로 드러나는 것처럼, 사랑이란 가녀린 눈길이나 손길 혹은 꽃잎처럼 덧없고 "*연약한*" 것이며 동시에 "죽음과 영원에 호흡을 주는" "*강렬한*" 것임을 노래한다. 봄과 여름에 피는 "꽃의 심장"이 한겨울에 내리는 "눈송이를 꿈꾼다"는 사실은 합리적인 사고로 이해할 수 없다. 이 시의 힘은 신화화된 사랑의 이야기에 익숙한 독자들에게 비록 사랑은 연약하지만 인간의 삶을 지탱하는 강력한 힘이 된다는 낯설음과 역설에서 생겨난다. 달리 말하자면, 일관적이고 확정적인 신화의 세계와는 달리 인간의 삶 자체가 모순에 가득차고 설명될 수 없는 부분이 많다는 사실을 우리는 알고 있기에 커밍스의 시에서 보이는 낯설음과 역설은 우리들에게 보다 크고 깊은 공명(共鳴)을 일으킨다는 것이다.

『한나와 그 자매들』은 엘리엇의 독백으로 시작하여 미키와 홀리의 대화로 끝이 난다. 엘리엇의 독백에는 처제 리에 대한 참기 힘든 갈망이 잘 드러난다.

> 너무 예쁜 처제. 저 아름다운 눈망울. 스웨터 속의 섹시한 몸매. 단 둘이서 안고 키스하면서 내 사랑을 고백하고 함께 했으면. 정신 차려, 네 마누라 동생이야! 헌데 그게 잘 안 돼. 단단히 빠

졌나봐. 벌써 몇 달째야. 난, 난, 난, 자나 깨나 처제 생각뿐이야. 오, 리 어쩌면 좋지? 혐오스럽게도 정신을 못 차리겠어. 아까 내 곁을 지날 때 그녀의 향수 냄새에 난 정말 기절하는 줄 알았어. 진정해, 명색이 기품 있는 재정고문인데. 기절하는 건 남 보기에 좀 그렇잖아.

God, she's beautiful. She's got the prettiest eyes. She looks so sexy in that sweater. I just want to be alone with her and hold her and kiss her and tell her how much I love her and take care of her. Stop it you idiot, she's your wife's sister. But I can't help it. I'm consumed by her. It's been months now. I dream about her, I - I - I think about her at the office. Oh Lee, what am I gonna do? I hear myself moaning over you and it's disgusting. Before, when she squeezed past me at the doorway and I smelt that perfume on the back of her neck - Jesus, I - I thought I was gonna swoon. Easy! You're a dignified financial advisor. It doesn't look good for you to swoon.

이 독백 속에는 주변의 시선과 자신의 사회적 지위를 깨뜨려서라도 리와의 사랑을 획득하고 싶어하는 엘리엇의 심경이 잘 드러나고 있다. 달리 말하자면 엘리엇의 갈등은 그의 '사랑의 욕구'(eros)가 주위의 시선과 사회적 관습과 부딪히면서 생기는 것이다. 엘리엇이 리에게 끌리는 것은 그녀의 미모와 성적 매력이지만, 그는 자신의 부인 한나를 "주기만 하고 받지 않으려는 사람은 피곤해"(It's hard to be around someone who gives so much and needs so little in return.)라며 자신의 외도를 한나의 성격 탓으로도 돌린다. 이러한 엘리엇의 핑계 이면에는 신화화되고 관습화된 사랑의 정의 중의 하나인 '고귀한 사랑은 희생이 따른다'라는 통념에 대한 우디 앨런의 거부가 존재하고 있음도 유추할 수 있다. 이 점은 서로의 마음을 확인했지만 결국에는 엘리엇과 리가 헤어지는 과정을 통해서도 잘 드러난다. 그들은 서로에 대한 배려보다는 각각의 욕구에 충실한 결과로써 헤어진다. 엘리엇은 리보다는 한나가 함께하기에 더욱 편하다는 사실과 리에게 새로운 남자가 생김으로써 그들은 완전히 결별하게 된다. 따라서 두 사람을 움직이는 것은 철저히 개인적인 '사랑의 욕구'인 것이다. 이러한 사실을 좀 더 포괄적으로 접근하자면, 모든 인간이 꿈꾸고 기대하는 우아하고 기품 있는 소위 '궁정풍의 사랑'(courtly love)을 꼬집고 있는 것이다. 이런 점에서 엘리엇과 리의 욕구와 사랑은 모든 인간들이 품고 있지만 애써 감추려하는 철저하게 현실적인 사랑 이야기인 것이다.

엘리엇이 '사랑의 욕구'(eros)에 바탕을 두고 있는 인물이라면, 미키는 정반대의 대척점에 있는 인물이다. '건강집착증'(hypochondria) 환자인 그를 지배하는 것은 '죽음'에 대한 두려움이다. 이 두려움은 그에게 '죽음의 욕구'(thanatos)로 전개되며, 결국 자살을 시도한다.

> 한 달 전만 해도 최악이었어요. 신이 없는 세상에서 살기가 싫었어요. 그래서 우연히 갖게 된 총을, 안 믿기겠지만, 꺼내서 이마에 들이 댔어요. 난 죽을 거라고 결심했죠. 그런데 자살하려는 순간에 내가 잘못 생각한 게 아닐까, 신이 있다면 어쩌지, 확실히 아는 사람도 없잖아. 그리고는 아니, 내가 아는 게 다가 아닐 수 있으니, 보다 확실하게 알아야 해 아님 전혀 모르던가 라고 생각했죠. 이렇게 쏠까 말까 고민하면서 앉아 있는 중에도 분명히 기억되는데 시계는 계속 똑딱 거렸죠. 그런데 갑자기 총알이 나갔어요. 너무 긴장해서 무심결에 방아쇠를 당기고 말았죠. 다행히 이마의 땀 때문에 총이 미끄러져 총알이 빗나갔죠. 이웃들이 몰려오고 난리였죠. 문가로 달려갔지만, 뭔 말을 해야 할지도 몰랐죠. 머릿속이 혼란스럽고 심장은 마구 뛰었

죠. 그때 문득 밖으로 나가서 신선한 공기를 마시며 정신을 차려야겠다고 생각했죠. 무작정 길을 걷고, 걷고, 또 걸었어요. 머릿속이 멍하니 모든 게 사실로 믿기질 않았죠. 그렇게 웨스트사이드 윗길을 몇 시간 걸었을 거예요. 발이 아프고 머리가 지끈거려서 쉬고 싶었죠 그래서 극장엘 들어갔어요. 뭐가 상연되는 지도, 내 마음과 세상이 제자리를 찾으려면 뭐가 필요한 지도 몰랐지요. 발코니로 가서 자리에 앉았는데, 제가 어릴 때 좋아하던 자주 본 영화가 상영되고 있었죠. 영화 속 인물들을 지켜보면서 그 영화에 빠져들었어요. 그리곤 생각했죠, 어떻게 자살을 생각했는지 참으로 바보 같았죠. 스크린 속의 사람들을 봐, 재미있게 잘만 살잖아, 허니 삶이 최악이면 어때. 신이 없으면 어때, 인생이 한번뿐이면 어때, 그래 그거야. 사는 것도 괜찮은 경험이잖아? 그래 인생이 다 나쁜 것만은 아니잖아. 나는 생각했죠. 있지도 않은 해답을 얻으려고 삶을 낭비하지 말고, 사는 동안 즐겨보자고. 뭔가 있을지 누가 알아요. 이 근거 없는 기대에 매달려 사는 꼴이지만 그게 최선이죠. 그리곤 의자 깊숙이 앉아서, 인생을 즐기기 시작 했어요.

One day about a month ago, I really hit bottom. Ya know I just felt that in a Godless universe I didn't wanna go on living. Now I happen to own this rifle, which I loaded believe it or not, and pressed it to my forehead. And I remember thinking, I'm gonna kill myself. Then I thought, what if I'm wrong, what if there is a God. I mean, after all nobody really knows that. Then I thought no, ya know maybe is not good enough, I want certainty or nothing. And I remember very clearly, the clock was ticking, and I was sitting there frozen with the gun to my head, debating whether to shoot. Mickey: All of a sudden the gun went off. I had been so tense my finger squeezed the trigger inadvertantly. But I was perspiring so much the gun had slid off my forehead and missed me. Suddenly neighbors were pounding on the door, and I dunno the whole scene was just pandemonium. I ran to the door, I didn't know what to say. I was embarrassed and confused and my mind was racing a mile a minute. And I just knew one thing I had to get out of that house, I had to just get out in the fresh air and clear my head. I remember very clearly I walked the streets, I walked and I walked I didn't know what was going through my mind, it all seemed so violent and unreal to me. I wandered for a long time on the upper west side, it must have been hours. My feet hurt, my head was pounding, and I had to sit down I went into a movie house. I didn't know what was playing or anything I just needed a moment to gather my thoughts and be logical and put the world back into rational perspective. And I went upstairs to the balcony, and I sat down, and the movie was a film that I'd seen many times in my life since I was a kid, and I always loved it. I'm watching these people up on the screen and I started getting hooked on the film. I started to feel, how can you even think of killing yourself, I mean isn't it so stupid. Look at all the people up there on the screen, they're real funny, and what if the worst is true. What if there is no God and you only go around once and that's it. Well, ya know, don't you wanna be part of the experience? You know, what the hell it's not all a drag. And I'm thinking to myself, Jeez, I should stop ruining my life searching for answers I'm never gonna get, and just enjoy it while it lasts. And after who knows, I mean maybe there is something, nobody really knows. I know maybe is a very slim reed to hang your whole life on, but that's the best we have. And then I started to sit back, and I actually began to enjoy myself.

이 인상적인 언급을 통하여 그는 자신의 '죽음의 욕구'를 '사랑의 욕구'로 극복하였음을 보여 준다. 특히 그에게 삶의 의지를 부여한 사랑의 욕구가 대단한 형이상학적 사유나 종교가 아닌 어린 시절의 좋은 추억과 삶 그 자체에 대한 애정이라는 점은 우디 앨런의 인생관을 보여주는 대목이기도 하다. 특히 영화가 삶에 커다란 위안을 제공한다는 설정은 영화배우이자 감독인 우디 앨런의 영화에 대한 무한한 애정을 보여 준다.

영화의 마지막 장면인 미키와 홀리의 대화는 모든 인물들의 갈등이 해소되었음을 알려주는 동시에 이 영화를 통하여 우디 앨런이 제시하고자 하는 것이 무엇인가를 잘 보여준다.

미키: 장인어른과 전에 하던 얘긴데, 참 얄궂다고, 추수감사절은 평생 한나하고만 보낼 줄 알았었지, 다른 사랑도 못할 줄 알았고. 그런데 이렇게 당신과 결혼하고 사랑에 빠져 있다니 말이야. 사람 마음이란 알다가도 모르겠어, 정말이야, 꽤 괜찮은 이야기인데, 한 사내가 결혼해 실패하고, 수년 후 처제와 결혼하다. 알겠지, 마무리는 어떻게 하고 싶은가?

홀리: 미키?

미키: 왜?

홀리: 나 임신했어요.

Mickey: You know, I was talking to your father before, and I was telling him that it's ironic I, I - used to always have Thanksgiving with Hannah, and I never thought that I could love anybody else. And here it is years later and I'm married to you and completely in love with you. The heart is a very, very resilient little muscle, it really is, I - make a great story, I think, guy marries one sister, doesn't work out, many years later he winds up married to the other sister, it's. You know, to - how you gonna top that? Hmm.

Holly: Mickey.

Mickey: Mmm, what?

Holly: I'm pregnant.

미키의 언급은 그가 죽음의 욕구를 극복하고 삶을 즐기게 된 후에 행한 첫 번째 행위가 홀리와의 사랑임을 보여준다. 그가 한나의 전남편이었으며 홀리와도 이전에 교제한 적이 있다는 사실은 그가 획득한 이 최후의 사랑이 쉽게 변하거나 깨지지 않을 것이라는 믿음을 제공한다. 마치 그가 자살 경험을 통하여 삶에 애정을 지니듯, 실패한 사랑의 경험은 같은 실패를 만들어 내지 않기 때문이다. 미키와 마찬가지로 영화 속의 모든 등장인물들은 각각의 갈등을 해소하고 추수감사절의 풍요만큼 행복이 가득한 해피엔딩을 맞는다. 그러나 이 영화의 해피엔딩은 현실에서 불가능한 동화적 해피엔딩도 아니며, 오해의 해소가 낳는 전통적 희극의 해피엔딩과도 다르다. 마치 삶을 "열고 닫는" 사랑의 "강렬한 연약함의 힘"에 굴복하고 철저히 수용하는 커밍스처럼, 우디 앨런의 인물들은 '죽음의 욕구'를 거쳐 보다 확고한 '사랑'을 획득한다. 그리고 그 과정은 거창하고 위험한 모험을 거치는 것도 아니다. "사람 마음이란 알다가도 모르겠어"라는 미키의 언급처럼, 밖으로 드러내지 않으면 알 수도 없는 내면적 갈등이 가장 가까운 구성원들과의 관계 속에서 연마의 과정을 거치는 것이다. 영화는 뉴욕의 중산층을 배경으로 하고 있지만 이들의 이야기는 '지금 바로 나와 우리의 이야기'라는 보편성을 띤다. 바로 이 보편성이 우디 앨런의 희극이 지닌 힘이다. 영화가 홀리의 "나 임신했어요"라는 대사로 끝나는 것은 전체적인 맥락에서 탁월한 맺음이다. 인간의 삶에서 '출생'만큼 집약적인 의미를 지닌 축복은 없다. 마찬가지로 인간의 삶에서 사랑과 죽음의 문제만큼 직접적이고 중차대한 문제는 없다. 따라서 『한나와 그 자매들』에서의 인물들이 죽음을 포함한 모든 일탈을 극복하고 사랑을 획득하였기에 홀리의 임신은 더할 나위없는 축복이자 해피엔딩인 것이다.

『흐르는 강물처럼』 (*A River Runs Through It*)과 세 편의 성장의 노래들

『흐르는 강물처럼』(*A River Runs Through It* 1992)

- 감독: 로버트 레드포드(Robert Redford)
- 원작: 노먼 맥클레인(Norman Maclean)
- 각본: 리차드 프리덴버그(Richard Friedenberg)
- 출연: 크레이그 셰퍼(Craig Sheffer) ……… 노먼 맥클레인(Norman Maclean)
  브래드 피트(Brad Pitt) ………………… 폴 맥클레인(Paul Maclean)
  톰 스커릿(Tom Skerritt) …………… 맥클레인 목사(Rev. Maclean)
  브렌다 블레신(Brenda Blethyn) …… 맥클레인 부인(Mrs. Maclean)
  에밀리 로이드(Emily Lloyd) ……… 제시 번스(Jessie Burns)

영화『흐르는 강물처럼』은 시카고 대학교 영문과 교수였던 노먼 맥클레인(Norman Maclean: 1902 - 1990)이 1976년 발표했던 동명의 소설을 원작으로 하고 있다. 이 작품은 울창한 몬태나(Montana) 주의 숲과 빅 블랙풋 강(Big Blackfoot River)을 배경으로 제물 낚시(fly fishing)를 즐기는 맥클레인 가족의 이야기를 통해서 삶에 대한 진지한 성찰을 이끌어내고 있다. 카진(Alfred Kazin)은 이 작품을 통하여 노먼 매클레인은 쏘로우(Henry David Thoreau)나 헤밍웨이(Ernest Hemingway)와 같은 미국을 대표하는 작가 반열에 올라 서 있다고 호평한 바 있다. 영화평론가 에버트(Roger Eberts)와 버라디넬리(James Berardinelli)는 모두 영화가 원작의 느낌을 최대한 살리고 있으며, 바로 그러한 노력이 관객에게 감흥을 주고 있다고 평하고 있다.

많은 비평가들의 호평에서 잘 드러나는 것처럼,『흐르는 강물처럼』은 원작과 영화 모두 그 자체로써 우리에게 감동을 주는 수작(秀作)이다. 그러나 이 작품은 한 가족 구성원들의 삶을 통하여 인간의 삶과 그 삶의 터전에 대한 한편의 서사시와도 같은 긴 시선의 명상이기 때문에 어떤 한가지의 일목요연한 구도나 주제로 접근하기 어렵다. 그럼에도 불구하고, 이 작품이 보이는 두드러지는 차별성은 작품 전체를 꿰뚫고 있는 작가의 인식이다. 일반적으로 인간의 인식은 사물을 보는 방식에 따라 '신화적 인식'(mythical consciousness)과 '과학적 인식'(scientific consciousness)으로 나눌 수 있다. 도정일은 「녹색사상과 생태학적 상상력」에서 신화적 인식이란 "자연계의 모든 사물에 정령이 깃들어 있다는 사유방식이다. 모든 것은 신의 섭리로 이루어져 있고, 그 속에서 생명활동을 함으로써 삶의 가치와 의의를 발견하는 것이다"고 설명하고 있다. 이렇게 보았을 때, 이 작품이 신화적 인식을 바탕으로 하고 있다는 사실은 이 작품에서 가장 인상적인 대사 중의 하나이면서 제목을 제공하고 있는 "결국 모든 것은 하나가 된다. 그리고 그 사이로 강물은 흐르는 것이다"(Eventually, all things merge into one, and a river runs through it.)는 맥클레인의 마지막 내레이션에서도 충분히 유추된다.

에버트는 이 작품이 "초기 서부의 기억"(memory of a Western childhood)으로 충만 되어 있다고 지적한 바 있다. 그의 지적은 이 작품이 신화적 인식에 근거하고 있다는 점에 대한 근거일 뿐 아니라, 이 작품을 노먼 맥클레인이 '어린아이'(childhood)에서 '성인'(manhood)에 이르는 성장 신화 혹은 개안 소설(bildungsroman)로 접근할 수 있는 단초를 제공하기도 한다. 이런 점에서 이 작품 속에 보석처럼 박혀 있는 세 편의 시는 작품의 전체적인 흐름은 물론 작품이 주는 감동을 배가시켜 주는 역할을 한다. 첫 번째 시는 미국의 여류시인 엘리자베스 앨런(Elizabeth Akers Allen: 1832 - 1911)의 「저를 토닥여 재워 주세요」("Rock Me to Sleep")이다. 이 시는 노먼이 7년 동안의 대학 생활을 마치고 다시 고향으로 돌아온 후에 "집에 돌아온 것을 더욱 확연하게 만드는" 아버지의 설교에서 인용된다.

> 뒤로, 등을 돌려, 오 시간이여, 당신의 비행을 되돌려
> 그저 하룻밤만이라도 나를 어린 시절로 되돌려 다오!
> 어머니시여, 그 되울림 없는 해안에서 돌아오셔서
> 옛날처럼 당신의 젖가슴을 제게 물려주세요.
> 따스한 입맞춤으로 제 이마의 근심의 골들을 지워주시고
> 부드러운 손길로 제 머리의 은빛 실들도 지워 주세요.
> 사랑스런 눈길로 졸고 있는 저를 굽어보시는,
> 어머니, 저를 토닥여 재워 주세요. (1-8행)

Backward, turn backward, O Time, in your flight,
Make me a child again just for to-night!
Mother, come back from the echoless shore,
Take me again to your heart as of yore;
Kiss from my forehead the furrows of care,
Smooth the few silver threads out of my hair;
Over my slumbers your loving watch keep; -
Rock me to sleep, mother, - rock me to sleep!

원시는 총 6연 48행으로 구성되어 있으며, 인용된 부분은 시의 첫 번째 연이다. 이 시는 인생에서의 "노역과 눈물로 너무나 지친"(so weary of toil and of tears, 10행) 노년의 화자가 자신의 유년기와 그 시절의 어머니를 그리워하는 다분히 감상적인 내용을 지니고 있다. 남북전쟁 당시에 대단히 유행하였다는 사실과, 총 아홉 편의 시집을 내었지만, 이 시 특히 도입부의 두 소절만 잘 알려져 있다는 사실은 앨런의 시가 지나치게 감상적으로 흐르고 있다는 점을 보여준다. 그러나『흐르는 강물처럼』에서 그녀의 시는 노먼에게 크고 중대한 전환점을 암시한다는 점에서 그 의미가 크다. 동부 도시 뉴욕에서의 7년 동안의 삶은 노먼이 고향인 서부의 시골 몬태나의 생활에 쉽사리 적응하지 못하도록 만든다. 그의 부적응은 폴과의 멋쩍은 재회뿐 아니라 독립기념일 댄스파티에서의 제시 번즈와의 대화에서 잘 드러난다. 그는 자신이 뉴욕의 예술가 타운인 그리니치 빌리지(Greenwich Village)에서 들었던 루이 암스트롱(Louis Armstrong)은 댄스파티에서 연주되는 폴 화이트만(Paul Whiteman)이나 클리퀏 클럽 에스키모(the Kliquot Club Eskimos)같은 이류들과는 확연이 다른 '세계 최고의 재즈 뮤지션'(Best jazz in the world. Colored jazz. The real McCoy)이라며 자신의 동부 생활을 자랑한다. 그의 자랑에 제시 번즈는 클리퀏 클럽 에스키모는 자신의 어머니가 가장 좋아하는 재즈 뮤지션이라며 정색한다. 노먼의 이러한 부적응의 저변을 보다 면밀하게 분석하면 동부와 서부라는 미국의 지리학적 구도에 근거한 도시와 시골, 문명과 자연 혹은 물질과 순수로 대변되는 갈등 구조가 자리하고 있다. 이 점은 머프(Murph)의 선술집에서 인디언 여자 친구와 거칠고 격렬하게 춤을 추는 동생 폴과 달리 유순하고 공손하게 제시와 춤을 추는 노먼의 모습에서도 잘 드러난다. 결국 노먼은 고향 서부로 돌아왔지만 여전히 동부의 도시적 삶을 떨치지 못하고 그리워하고 있는 것이다. 노먼이 아직 젊고 세상에서 해야 할 일들이 많이 있기 때문에 그가 고향 몬태나의 가치를 인식하지 못하고 있다는 사실은 충분히 자연스럽다. 따라서 이러한 노먼의 부적응과 그가 시카고의 대학으로 가기 위하여 다시 고향을 떠난다는 사실을 감안할 때, 아버지 맥클레인 목사가 인용한 앨런의 시는 더 큰 성숙을 앞 둔 노먼에게 예지적(叡智的) 설교로써 작용하게 된다. 즉, 그의 고향과 자연이야말로 세상의 모든 고단함을 누그러뜨려 주는 '토닥임'을 제공할 유일한 어머니임을 늘 상기하라는 것이다.

『흐르는 강물처럼』에서 두 번째로 인용되는 에드나 세인트 빈센트 밀레이(Edna St. Vincent Millay: 1892-1950)의 「첫 번째 무화과」("First Fig")는 노먼이 고향에서 겪는 문화적 갈등이 성숙을 통하여 해소되리라는 일종의 전조(foreshadow) 기능을 담당한다.

> 내 초가 있는 힘을 다해 몸을 태우니
> 비록 온 밤을 다 밝히지는 못하지만,

아, 나의 적들이여! 오, 나의 벗들이여!
그 불빛 사랑스럽지 아니한가.

My candle burns at both ends;
It will not last the night;
But ah, my foes, and oh, my friends-
It gives a lovely light.

전체 4행에 불과하지만, 이 시는 그 의미 파악이 결코 녹록하지 않다. 이 시를 이해하기 위해서는 먼저 이 시를 포함하고 있는 시집 『엉겅퀴에 열린 무화과들』(*A Few Figs from Thistles*, 1920)을 관통하고 있는 분위기와 작가의 의도 파악이 필수적이다. 시집의 제목은 마태복음 7장 16절의 "너희는 그 열매를 보고 그것들을 알아야 한다. 가시나무에서 어떻게 포도를 따며, 엉겅퀴에서 어떻게 무화과를 딸 수 있겠느냐?"(By their fruit you will recognize them. Do people pick grapes from thorn bushes, or figs from thistles?)는 구절에서 빌어왔다. 다분히 역설적인 의미를 지닌 시집의 제목과 스스로가 양성애자(bisexual)임을 공공연하게 표명한 그녀 자신의 생애에서 잘 드러나는 것처럼, 밀레이는 세계대전 직후인 1920년대의 기득권층의 허세와 젊은이들의 반항을 전형적으로 그려낸 여류작가로 잘 알려져 있다. 그녀의 관습과 고정관념에 대한 반항은 같은 시집에 실린 총 2행으로 이루어진 「두 번째 무화과」("Second Fig")에서 "그 추한 집은 반석 위에 안전하게 서 있지만, / 와서 보시게, 모래 위에 지어진 나의 빛나는 궁전을!"(Safe upon the solid rock the ugly houses stand: / Come and see my shining palace built upon the sand!)라는 냉소적 조롱을 통하여 극대화 된다. 이러한 맥락에서 보면, 「첫 번째 무화과」 역시 촛불의 '숭고한 자기희생'이나 선(善)의 '영원한 승리' 등과 같은 기존의 상투적 관점으로는 그 본래의 의미 파악이 어렵다. 오히려 이 시집에서 밀레이가 표면적으로 거부하고 있는 기독교적 교리를 통하여 많은 부분 그 의미가 드러난다. 성경에 의하면 무화과나무는 아담과 이브가 "지혜의 나무"(the tree of wisdom)에서 선악과를 따 먹은 후 부끄러움을 느껴 자신들의 몸을 가린, 달리 말하자면 최초의 의복인 셈이다. 또한 트레씨더(Jack Tressider)의 상징 사전에 따르면, 무화과는 모유와 같은 "어머니의 자양분"(maternal nourishment)과 "풍요"(abundance), 그리고 "출산"(procreation) 등을 의미한다. 이를 근거로 할 때, 이 시는 다분히 자학적이고 육감적이면서 동시에 '힘이 충만한 청춘은 짧으니 철저히 즐겨라'는 '카르페 디엠'(carpe diem)류의 시이다. 비록 청춘은 짧아 "온 밤을 다 밝히지 못하지만" 개의치 말고 "있는 힘을 다해 몸을 태우는" 철저하고 완전한 청춘의 발휘를 노래하고 있는 것이다. 그러한 청춘만이 "사랑스러운 불빛"을 낸다고 밀레이는 노래한다. 또한 이 시가 지닌 힘을 이해하기 위해서는 "아"와 "오"라는 감탄사가 적대적이고 대립적 관계인 "친구"와 "적"에 동시에 부여되고 있다는 점을 간과해서는 안된다. 이는 청춘의 완전한 발휘가 짧은 시간의 극복은 물론 친구와 적이라는 개념 이면에 도사리고 있는 '선과 악' 또는 '밝음과 어둠' 등의 기존의 관습적 고정관념의 극복으로 이어진다는 것을 의미한다. 이러한 열린 의식은 청춘기 성숙의 가능성을 관습과 기성세대의 기대치에 국한시키지 않고 무한대로 확장시키게 된다.

『흐르는 강물처럼』에서 밀레이의 시는 노먼과 제시 번즈 그리고 폴과 인디언 여자 친구인 모나시타 메이블(Monasita Mabel)이 함께 간 머프의 선술집에서 노먼이 건배로 인용한다. 주인 머프는 인디언의 출입을 금지한 술집의 규정을 대며 모나시타의 출입을 억제한다. 그러자 폴은 "나는 이런 규정이 마음에 들지 않아"(I don't like the house rules)라며 밀치고 들어간다. 노먼의 별명이 "목사님"(preacher)이라는 사실에서 잘 드러나는 것처럼, 그는 다분히 순응적 인물이기 때문에 그가 금지된 것들을 행할 때면 언제나 폴의 뒷전에서 이끌려 들어가는 모습을 보여준다. 따라서 밀레이의 시를 그가 인용하는 것은 그에게 변화가 생기고 있다는 것을 의미한다고 할 수 있다. 실제로 이후 그는 장로교도임에도 불구하고, 제시 번즈의 사랑을 얻기 위하여 감리교도인 번즈 가문을 방문하고, 지극히 속물적 인간인 제시의 오빠 닐 번즈와의 교제도 마다하지 않는다. 이러한 연인과 속물이라는 "친구"와 "적"의 뒤섞임은 인생이 결코 우리의 희망대로 혹은 사회적 정의로만 흘러가는 것이 아님을 보여주며, 노먼이 이를 점차적으로 수용해 가고 있음을 보여준다. 아울러 이 작품에서 인생에 존재하는 극단적인 것들의 혼재는 노먼의 인생에서 가장 기쁜 일이라 할 수 있는 시카고 대학의 교수 임용과 그의 인생에서 가장 슬픈 일인 사랑하는 동생 폴의 죽음으로 극대화 된다. 결국 인생이란

마치 '양쪽 끝에서 타는 촛불처럼'(candle burns at both ends) 그 출발은 아무런 연관이 없는 것들로 뒤섞여 있지만, 그 모든 이질적인 혼재들이 서로 뒤섞여 촛불을 녹이고 "사랑스런 빛"을 낸다는 것이다. 노먼이 기억하는 "우리는 완벽하게 이해할 수는 없어도, 완벽하게 사랑할 수는 있다"는 아버지의 마지막 설교 역시 인생의 복잡다단한 혼재를 "완벽하게 이해할 수는 없어도" 그 인생을 "완벽하게 사랑해야 한다"는 의미로도 파악할 수 있는 것이다.

『흐르는 강물처럼』에서 세 번째 시는 워즈워스(William Wordsworth: 1770 - 1850)의 「어린 시절의 회상을 통한 영원불멸의 노래」("Ode: Intimations of Immortality from Recollections of Early Childhood")이다. 이 시는 노먼이 시카고 대학교 영문과 교수로 임용되었다는 편지를 받은 직후 아버지와 함께 암송한다.

> 그 어느 것도 초원의 빛, 꽃의 영광에 쌓여 있던
> 그때를 되돌릴 수 는 없지만,
> 우리는 슬퍼하지 않고 오히려
> 남겨진 것들 속에서 힘을 얻습니다,
> 지금껏 있었으며 또 앞으로도 존재할
> 타고난 조화 속에서,
> 인간의 고통에서 솟아나는
> 위로의 생각에서, 죽음을 관통하는 신앙 속에서
> 힘을 얻습니다. (182-190행)
> . . . .
> 우리를 살게 하는 인간의 감성 덕택에,
> 그 감성의 부드러움과 즐거움 그리고 두려움 덕택에,
> 가장 작은 꽃송이조차도 저에게
> 눈물을 자아내는 깊은 생각들을 선사합니다. (205-208행)

Though nothing can bring back the hour
Of splendour in the grass, of glory in the flower;
We will grieve not, rather find
Strength in what remains behind;
In the primal sympathy
Which having been must ever be;
In the soothing thoughts that spring
Out of human suffering;
In the faith that looks through death,
. . . .
Thanks to the human heart by which we live,
Thanks to its tenderness, its joys, and fears,
To me the meanest flower that blows can give
Thoughts that do often lie too deep for tears.

원시는 전체 208행으로 구성되었으며, 영화에서 인용된 부분은 182행에서 190행까지 그리고 마지막 4행이다. 이 시에 등장하는 "초원의 빛"이라는 구절은 1961년 엘리아 카잔(Elia Kazan)이 감독하고 나탈리 우드(Natalie Wood)와 워렌 비티(Warren Beatty)가 주연한 영화『초원의 빛』(*Splendour in the Grass*)의 제목을 제공하였으며, 흔히 청춘의 아름다움을 상징하는 대표적인 어휘로 사용되어 왔다. 그러나 이 시의 의미를 보다 정확하게 이해하기 위해서는 워즈워드의 철학에 대한 이해가 필수이다. 1802년에 워즈워드는 "청춘"(youth)에 관련된 많은 시들을 쓰게 되는데, 이 시도 그 중의 한 편이다. 이들 시를 통하여 워즈워드가 제기하고 있는 의문은 '아이 시절에 볼 수 있었던 "자연 속에 존재하는 불멸의 존재"(immortal presence within nature)를 어찌하여 성인이 되어서는 보지 못하는가'하는 점이다. 이러한 그의 관심은 이 시의 제사(題詞, epigraph)에 해당하는 "어린이는 어른의 아버지 / 바라노니 내 생애의 하루하루가 / 자연에의 경건한 마음으로 이어지기를"(The child is Father of the Man; / And I could wish my days to be / Bound each to each by natural piety)라는 구절에 잘 드러난다. 그리하여 이 시의 58행에서 성인이 된 시인은 "지금은 어디에 있는가, 그 영광과 꿈은?"(Where is it now, the glory and the dream?)이라며 탄식한다. 워즈워드는 이러한 소멸의 원인을 76-77행에서 "마침내 어른이 되면 그 환상은 사라지고 / 평범한 일상의 빛으로 시듦을 깨닫는다"(At length the Man perceives it die away, / And fade into the light of common day)라고 제시한다. 즉, "자연에 대한 경건한 마음"으로 충만하던 어린 시절에 인간은 그 자연 속에 존재하는 "영광과 꿈"을 볼 수 있고 충전할 수 있었지만, 자연과 멀어진 어른이 되어서는 그 능력을 상실하고 "어두운 무덤 속, 암흑 속에 길 잃고 헤매며"(In darkness lost, the darkness of the grave; 118행) 살게 된다는 것이다. 이 시에서의 성인이 된 인간의 구원을 위한 반전은 "오 즐거움이여"(O joy!)로 시작하는 130행부터 시작한다. 134-5행에서의 "우리들의 지난날 추억의 생각이 / 영원한 축복을 낳는다"(The thought of our past years in me doth breed / Perpetual benediction)라는 구절과 "어린 시절의 회상을 통한 영원불멸의 노래"라는 제목 자체에서 잘 드러나는 것처럼, 워즈워드는 어린 시절의 회상이 성인이 된 인간에게 "영광과 꿈"을 회복시켜 주고 나아가서는 그 회상을 통하여 자연에 존재하는 "영원불멸"까지도 인간이 달성할 수 있다고 믿는다. 따라서 영화에서 인용된 구절은 인간 삶의 방식에 관련된 내용이다. 세상에 존재하는 모든 것은 근본적으로 "타고난 조화"(the primal sympathy) 속에서 서로 연관되어 있기 때문에 "슬픔,"

"고통," 심지어는 "죽음"까지도 인간의 영원불멸을 위한 "힘"이 된다는 것이다. 이 힘을 인지하기 위해서 시인은 "인간의 감성"(the human heart)과 "생각들"(thoughts)의 역할을 강조한다. 워즈워드는 이를 "절대적 영성"(absolute spirituality) 혹은 "완전한 영혼"(all-soulness)로 부르기도 한다. 즉, 영혼불멸이 존재하는 자연과의 밀접한 친교를 위하여 인간은 모든 감각을 늘 활짝 열어 두어야 한다는 것이다.

엄밀히 말하자면『흐르는 강물처럼』에서 이 시의 등장은 전체적인 흐름상 조금 빠른 면이 없지 않다. 동생 폴의 죽음 이후 혹은 노년에 들어선 노먼의 회상 장면에 등장하였다면, 보다 더 유기적으로 작품 속에 녹아들었을 것이다. 이 점은 "이해는 못했지만 사랑했던 사람들"이 모두 다 죽은 후에 노먼이 빅 블랙풋 강가에서 하는 회상 역시 워즈워드의 시와 동일한 맥락의 회상이기에 더욱 그렇다.

> 저물어가는 계곡에 홀로 있을 때면, 내 영혼과 기억 그리고 빅 블랙풋 강의 소리, 제물낚시의 네 박자 리듬, 고기가 물리길 바라는 희망과 함께 모든 것들이 하나의 존재로 어렴풋하게 녹아드는 것 같다. 그러다가 결국 모든 것은 하나가 된다. 그리고 그 사이로 강물은 흐르는 것이다. 강은 대홍수로부터 생겨나서 태초의 시간에서부터 바위 위로 흘러간다. 어떤 바위 위에는 무한의 빗방울이 머문다. 바위들 밑에는 말씀이 있고, 어떤 말씀의 일부는 그들의 것이다. 난 강물에 넋을 잃고 있다.
>
> When I am alone in the half-light of the canyon, all existence seems to fade to a being with my soul and memories and the sounds of the Big Blackfoot River and a four-count rhythm and the hope that a fish will rise. Eventually, all things merge into one and a river runs through it.

> The river was cut by the world's great flood and runs over rocks from the basement of time. On some of the rocks are timeless raindrops. Under the rocks are the words and some of the words are theirs. I am haunted by waters.

노먼의 회상을 워즈워드의 용어와 시를 빌어 설명하자면, 그는 "절대적 영성"을 통하여 세상 만물과 하나가 되는 "타고난 조화"를 체험하고 그 체험이 비로소 그를 둘러 싼 그가 잊고 있었던 "초원의 빛, 꽃의 영광"을 되돌리고 있는 것이다. 그에게 있어 빅 블랙풋 강과 모든 자연은 태초 하느님의 "말씀"을 기록한 성경이자 설교의 제단인 것이다. 워즈워드가 인간 성인의 삶을 어린 시절의 회상을 통하여 극복해야 할 장애로 여기고 있다면, 노먼은 인간 전체의 삶 모두를 온전하게 "흐르는 강물" 속으로 수용한다. "난 강물에 넋을 잃고 있다"는 그의 언급은 그가 철저하게 자연과 하나가 되었다는 것을 의미한다. 동시에 슬픔과 기쁨, 적과 친구가 혼재되어 있는 모든 순간의 삶 역시 "흐르는 강물"이라는 것이다. 아마도 인간의 삶에 대한 더 적확한, 더 이상의 찬사는 없을 것이다.

『피아노』(*The Piano*)와 토마스 후드(Thomas Hood)의 「고요함」("Silence")

『피아노』(*The Piano* 1993)

- 감독: 제인 캠피언(Jane Campion)
- 출연: 홀리 헌터(Holly Hunter) ········· 에이다(Ada)
안나 파킨(Anna Paquin) ········· 플로라(Flora)
하비 케이텔(Harvey Keitel) ······ 베인스(Baines)
샘 닐(Sam Neill) ····················· 스튜어트(Stewart)

『피아노』는 뉴질랜드 출신의 영화감독이자 시나리오작가인 제인 캠피언이 직접 쓰고 만든 작품이다. IMDB(The Internet Movie Database)는 이 영화를 "로망스"(Romance)의 장르로 분류하였으며, 많은 비평가들 또한 이에 동조한다. 이 작품을 에버트(Roger Ebert)는 "인간 감정의 시작과 끝을 보여주는 이야기"(a story about a whole universe of feeling)로 보며, 캔비(Vincent Canby)는 "마치 마술처럼, 낭만적 상상력을 풀어내는 아름답고 신비로운 영화"(a severely beautiful, mysterious movie that, as if by magic, liberates the romantic imagination)로, 힌슨(Hal Hinson)은 "우리의 정서를 환기시키는, 강력하고, 매우 아름다운 작품"(An evocative, powerful, extraordinarily beautiful film)으로 보고 있다. 즉, 진정한 사랑을 찾아 가는 한 여성과 그 과정에서 보이는 사랑에 얽힌 정서와 감정을 잘 풀어간 영화라는 것이다. 그러나, 동양과 서양의 성(性)에 관련된 정서 차이를 감안하더라도, 남편과 딸을 둔 '벙어리'(청각장애) 여성이 문맹의 남성과 지고지순한 사랑을 보여주는 것으로 이 작품을 이해하기에는 설명되지 못하는 부분이 너무나 많다. 특히, 피아노 연주가 삶의 거의 전부인 에이다가 피아노 레슨에는 관심이 없고 그녀의 몸만 변태적으로 탐하는 베인스와 사랑에 빠진다는 설정은 백마 탄 왕자의 구출을 기다리는 아름다운 공주라는 로망스의 원형적 틀에서도 한참 벗어나 보인다. 이런 점에서 이 작품을 "인간 본성의 가장 근원적이고 주요한 요소인 열정에 관련된 영화"(The Piano is about passion, the most basic and primal element of human nature)로 보는 버라디넬리(James Berardinelli)와 "성적 억압과 정서적 해방의 이야기"(a tale of sexual repression and emotional liberation)로 보는 레오(Vince Leo)의 견해가 에이다와 베인스의 사랑 이야기에 대한 핵심, 좀 더 구체적으로는 이 작품의 유일한 주인공(protagonist)이라 할 수 있는 에이다를 이해하는데 도움이 된다.

버라디넬리와 레오의 견해는 이 작품이, 큰 시련 후에 사랑을 획득한다는 결론 중심적 로망스가 아닌, '사랑은 어떻게 가능한가'라는 인간 감정의 교감에 대한 근원적 질문을 던지고 또한 그 답을 제시하고 있다는 것이다. 이런 점에서 이 작품은 자연스럽게 페미니즘의 문제로 이어진다. 미혼모가 된 에이다를 얼굴도 모르는 스튜어트와 정략결혼을 시켜 뉴질랜드로 보내는 그녀의 아버지는 가부장적 사회의 전형적 인물이다. 그가 화면에 등장하지 않는 것은, 뉴질랜드에서 스튜어트를 통하여 충분히 보완되는 것이기는 하지만, 남성중심적 사회의 폭력과 억압이 이미 인간 사회의 저변에 깊이 뿌리내리고 있음을 상징적으로 보여 준다. 또한 여성에게 행해져 온 그 폭력성의 깊이는 에이다의 '말을 하지 않는' 침묵 속에서 공포스럽게 배어 나온다. 세상과 소통의 단절을 의미하는 에이다의 침묵은 매우 다양한 해석이 가능한데, 일견 여성에게 가해지는 사회적 제도적 폭력에 대한 자발적 항의로도 이해될 수 있다. 좀 더 면밀히 보자면, 그녀의 침묵에는 소위 서양의 형이상학을 지배해 온 "말중심주의"(logocentrism)에 대한 캠피언의 비판이 내재되어 있다. 데리다(Jacques Derrida: 1930-2004)에 의하면 서양의 형이상학은 하나님, 이성, 기원, 존재, 본질, 진리 등등이 중심으로 작용하는 다양한 용어들을 발명했다. 이처럼 언어를 통하여 중심을 열망하는 서양의 경향을 데리다는 말중심주의라고 부른다. 이런 사고방식에서 남성은 언어와 말하기를 독점하고 이 독점이 남성중심의 가부장적 사회로 연결되는 것이다. 반면에 여성은, 버지니아 울프 (Virginia Woolf: 1882-1941)의 작품 제목처럼 "자기 자신의 방"(*A Room of*

One's Own)을 지니지 못한 채, 길버트(Sandra M. Gilbert)와 구바(Susan Gubar)가 언급한 "다락방의 미친 여자"(The Madwoman in the Attick)[11]로 내몰리는 취급을 받아 왔던 것이다. 작품 속에서 에이다가 글을 읽을 줄 모르는 베인스를 선택하는 것은 이런 남성중심적 사회의 저변에 놓인 언어중심주의에 대한 반발로도 해석할 수 있다.

『피아노』를 자발적으로 사랑할 수 있는 권리를 박탈당한 여성의 제자리 찾기로 접근할 때, 에이다의 침묵에는 남성의 우월과 여성의 열등을 초월한 근원적 평등의 상태에 대한 갈망도 포함되어 있다. 이 점을 극적으로 뒷받침하고 있는 것은 작품 말미에 에이다의 나래이션으로 소개되는 토마스 후드(Thomas Hood: 1799-1845)의 「고요함」("Silence")이다.

> 그 어떤 소리가 없는 곳에 고요함이 있다,
> 　그 어떤 소리가 존재할 수 없는 곳에 고요함이 있다,
> 　차가운 무덤 속에, 깊고 깊은 바다 아래,
> 혹은 그 어떤 생명도 존재하지 않는 광대한 사막에,
> 그 어떤 소리도 없이, 여전히 심연의 잠에 빠져,
> 　침묵시켜야할 소리도, 살며시 발 들이는 생명도 없는,
> 　구름과 그림자들이 자유로이 헤 매이지만,
> 저 한가한 대지에 그 어떤 속삭임도 내지 않는 고요함이 있다,
> 허나 한때 사람들이 살던, 잡풀 무성한

---

11) 구체적으로는 샬롯 브론테(Charlotte Brontë: 1816 - 1855) 의 『제인 에어』(*Jane Eyre*)에서 로체스터(Rochester)의 첫 번째 부인인 버사 메이슨(Bertha Mason)을 지칭한다. 정신착란에 의한 빈번한 발작을 일으키는 탓에 다락방에 감금되어 생활한다. 길버트와 구바는 버사의 처지를 가부장적 남성중심의 사회에 희생되는 여성의 처지에 비유한다.

옛터에는, 옛 궁궐의 황폐한 성벽에는,
비록 갈색여우나 야생 하이애나가 울어대고,
쉴 새 없이 날아대는, 올빼미들이
울어 메아리치고, 낮은 바람이 윙윙대지만,
그곳에 진정한 고요함이 있다, 수줍고도 외로운.

There is a silence where hath been no sound,
There is a silence where no sound may be,
In the cold grave - under the deep, deep sea,
Or in wide desert where no life is found,
Which hath been mute, and still must sleep profound;
No voice is hush'd - no life treads silently,
But clouds and cloudy shadows wander free,
That never spoke, over the idle ground:
But in green ruins, in the desolate walls
Of antique palaces, where Man hath been,
Though the dun fox or wild hyæna calls,
And owls, that flit continually between,
Shriek to the echo, and the low winds moan -
There the true Silence is, self-conscious and alone.

영국 런던 출신의 후드는 익살스럽고 가벼운 시들로 잘 알려져 있으며, 주로 약자들의 삶의 애환을 다룬 작가이다. 후드는 당대 문학계의 거목이랄 수 있는 찰스 램(Charles Lamb: 1775 - 1834)이나 워즈워드(William Wordsworth) 등과의 친분을 쌓았으나 그 자신의 문학적 성취는 그들에게 필적할 바는 되지 못했다. 엄밀히 말해서 이 시「고요함」의 명성도 영화『피아노』에 힘입은 바 크다. 시의 제목 "Silence"는 흔히 "침묵"으로 해석된다. 그러나 침묵은 말하지 않는 인간의 의지가 함축되어 있다는 점에서, 인간이 전혀 개입되지 않은 고요함과 인간이 개입된 침묵이라는 두 가지 형태의 'silence'를 다루는 이 시의 맥락상 "고요함"으로 번역하였다. 전체 14행을 도입부인 전반부 8행(octave)과 결론부인 후반부 6행(sestet)으로 나누고, a-b-b-a(sound/be/sea/found)의 운율(rhyme) 체계를 지닌 이 시는 전형적인 '페트라르카식 소네트'(Petrarchan sonnet)이다. 또한 겉으로 드러나는 주제적 측면으로는 '지나간 것들에 대한 향수'를 다룬 "지금은 어디에"(Ubi sunt)[12]류의 소네트로 분류할 수 있다. 시인은 시의 전반부에서 생명과 죽음이 혼재되거나 혹은 구분이 없는 태고적 원시의 고요를 노래한다. 반면에 "그러나"(But)로 강조되는 후반부에서는 생명력이 넘치는 만물의 활달한 소리는 존재하나 인간과 인간의 목소리만 존재하지 않는 고요를 노래한다. 시인은 인간과 문명이 존재하지 않는 상태를 소리의 유무와 관계없이 "진정한 고요함"이라고 부른다. 따라서 시인이 이 고요를 "진정한" 것으로 부르는 이유는 단순히 과거에는 존재했지만 현재는 사라진 인간과 문명의 흔적에 대한 향수를 강조하기 위함은 아니다. 오히려 인간 존재의 흔적까지를 지워버리는 고요함을 "수줍고도[13] 외로운" 자기성찰이 가능한 엄연한 존재로 제시함으로써, 태초에서 현재에 이르기까지의 고요함이 지닌 존재론적 명분을 강조한다. 바로 이 명분을 통하여 시인은 소리의 유무에 따라 고요함과 고요하지 않음을 구분하는 인

12) 라틴어인 "우비 순트"(Ubi sunt)는 영어로 "지금은 어디에"(where are... [they])로 해석되며, 지나간 부귀영화에 대한 향수와 인생의 덧없음을 노래하는 소네트류를 일컫는 용어이다. (* Ubi sunt qui ante nos fuerunt?: Where are those who were before us?)

13) "self-conscious"는 "자기 인식적인"이라는 의미로 흔히 해석되나, 맥락상 그 자체의 존재적 의미를 강조하기 위하여 "수줍은"으로 해석하였다.

간적 관습을 초월하고 있는 것이다. 이런 점에서 고요에 대한 시인의 묵상은 신화적 요소를 지니고 있다. 마치 신화 속의 태초시대에 강약과 우열이 없이 모든 존재의 씨앗을 품고 있는 '암흑'과 마찬가지의 의미를 지니는 것이다. 결과적으로 이 시는 태초에서 현재에 이르기까지 세상에 편재하는 '고요'의 본질적 속성에 관한 시이다.

『피아노』에서 에이다가 유일한 소통 수단으로 피아노에 매달리는 것은 그녀의 침묵이 남성중심의 세상과 아버지에게서 강요된 것이지 그녀 스스로의 선택은 아니라는 것을 보여 준다. 이 과정에서 남성중심의 세상은 먼저 그녀의 침묵이 남성들에 의하여 강요되었다는 사실을 알려하거나 인정하지도 않는다. 아울러 그녀의 침묵에 대하여도 '말을 한다는 것은 침묵을 깨뜨리는 것이요, 그렇지 않은 것은 침묵'이라는 자신들이 정한 기준을 적용한다. 자신들의 가치관으로 "진정한 고요"를 이해하지 못하기 때문에, 그녀의 침묵을 단순히 수용과 순응으로만 이해하려는 것이다. 따라서 피아노를 통하여 소통하려는 에이다의 갈망을 이해하지 못한다. 에이다가 뉴질랜드에 도착한 후 바닷가에 버려진 채 방치된 피아노의 운명이 이를

상징적으로 잘 보여준다.

작품 속에서 베인스의 심리상태에 대한 구체적인 정황이 드러나지는 않지만, 에이다가 베인스에게 빠지는 것은 그가 피아노를 통해 드러나는 그녀의 갈망을 읽어낸 유일한 인물이라는 사실을 확인시켜준다. 또한 둘의 뜨거운 사랑은 그녀의 피아노 연주가 인간의 영혼을 달래는 음악의 일반적 속성만이 아닌 소통과 교류에 대한 갈망임을 재확인시켜 준다. 피아노 건반과 에이다의 몸이 교차되는 것은 에이다는 피아노를 연주하고 베인스는 에이다를 연주한다는 것을 의미한다. 따라서 베인스의 에이다 연주는 에이다의 피아노 연주에 대한 정확한 공명이 된다. 에이다가 소위 문명인이자 제도로써 엮인 관계인 남편 스튜어트가 아닌 원주민에 가까운 베인스를 선택하는 것은 그녀의, 나아가 여성의 자발적인 선택과 동등한 개체로서 여성을 인정하지 않는 문명사회에 대한 통렬한 비판이다. 작품 속에서 마오리 족의 남자들이 그림자 연극『푸른 수염』(*Bluebeard*)의 주인공이 여성을 학대하는 모습을 이해하지 못하고 무대로 뛰어드는 장면도 마찬가지의 맥락에서 이해될 수 있다. 또한 에이다가 글을 읽을 줄 모르는 베인스에게 피아노 건반에 "사랑하는 베인스, 내 마음은 당신 것이에요, 에이다"(Dear George (Baines), you will have my heart, Ada McGrath)라는 글을 써 보내는 것은 그의 문명성이 아닌 서로의 연주에 생겨난 교감을 믿기 때문이다.

에이다가 피아노 건반 중의 하나를 빼어 베인스에게 편지를 쓴다는 행위는 이미 피아노가 소통이라는 제 기능을 다 했다는 것을 의미한다. 이는 외부적으로는 더 이상 피아노 연주를 할 수 없게 스튜어트가 에이다의 손가락을 자르는 것으로, 에이다의 자발적 행위로는 피아노를 바다에 버리는 것으로도 드러난다. 베인스는 에이다에게 은으로 만든 손가락을 선사하지만, 그 금속성의 손가락이 건반을 부딪는 소음 때문에 에이다는 더 이상 좋은 연주를 할 수 없다. 그러나 화음과 소음의 구별이 남성중심적인 조화를 강조하는 세상에서 생겨난 것이라면, 소리와 침묵의 구별이 언어 구사라는 패권을 쥔 가부장적 사회에서 생겨난 것이라면, 에이다의 연주는 그런 세상과 사회의 기준을 초월한 연주인 것이다. 마치 세상에 편재하는 고요 속에서 고요와 소리의 인간적인 기준을 초월하는 토마스 후드의 시처럼, 에이다는 자신의 연주를 통해 침묵을 강요하는 남성중심적 세상의 가치관을 초월한 너머의 조화로운 세상을 우리에게 보여주는 것이다. 부언하자면, "에이다"(Ada)는 독일어의 어원을 지닌 이름으로 "고귀함"(nobility)이라는 의미를 지니고 있다. 스튜어트는 그녀를 처음 본 순간 남성중심적 편견으로 "왜소하다"(stunted)고 표현하지만, 그녀의 침묵과 자신의 선택으로 나아가는 그녀의 고된 행로는 남성의 왜소한 편견을 뛰어 넘는 '고귀한' 것이다.

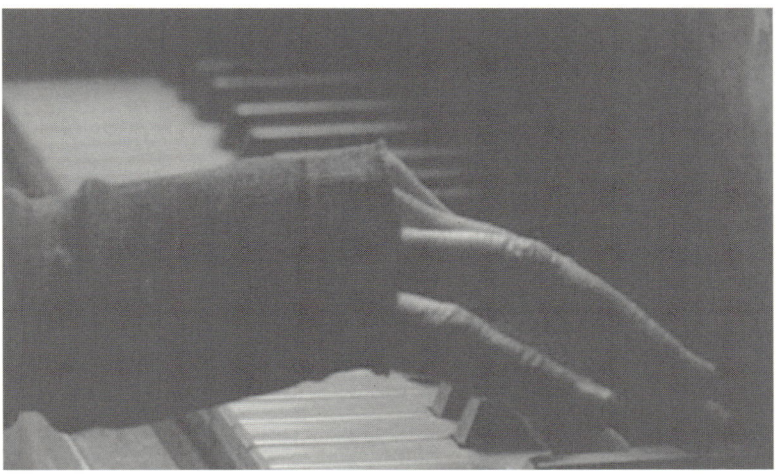

『사랑의 블랙홀』(*Groundhog Day*)과 월터 스코트(Walter Scott)의 『마지막 음유시인의 노래』(*The Lay of the Last Minstrel*)

『사랑의 블랙홀』(*The Groundhog Day* 1993)

- 감독: 해롤드 래미즈(Harold Ramis)
- 출연: 빌 머레이(Bill Murray) ·················· 필 코너스(Phil Connors)
  앤디 맥도웰(Andie MacDowell) ······ 리타(Rita)
  크리스 엘리옷(Chris Elliott) ············ 래리(Larry)

한국에서는『사랑의 블랙홀』로 소개 된 원제 "*Groundhog Day*"는 정확하게 "성촉일(聖燭日)"이다. "Groundhog"는 마모트(marmot)라고도 불리는 다람쥐 과의 동물로, 미국에 전해내려 오는 이야기에 의하면 이 마모트는 해마다 2월 2일이면 추운 겨울이 계속될지 알아보기 위해 겨울잠을 잤던 굴을 떠난다. 굴 밖에서 자기의 그림자를 볼 수 없으면 마모트는 겨울잠을 끝내고 땅 위에 있고, 자신의 그림자를 볼 수 있으면 6주 동안 추운 겨울이 더 지속되기 때문에 굴 속으로 되돌아온다고 한다. 따라서 그 의미로 보자면 "성촉일"은 한국의 "경칩" 정도에 해당 한다. 영화 속에서 마모트는 그 지방의 이름을 따서 펑서토니 필(Punxsutawney Phil)이라고 불린다. 마모트의 이름과 주인공 필 코너스의 이름이 동일하게 설정된 것은 매우 단순한 장치이지만, 그 복선이 지니는 효과는 매우 심오하다. 즉, 코너스가 겪게 되는 동일한 하루의 반복은, 자신의 그림자를 발견하고 다시 굴로 돌아가는, 그리하여 추운 겨울이 계속해서 반복되리라는 펑서토니 필의 예언 속에 함축적으로 제시된다. 또한 그의 예언은, 과학과 논리적 추론으로 무장했지만, 정작 자신의 내일조차 알지 못하는 기상예보관 필 코너스 혹은 인간에 대한 냉소적인 조롱이기도 하다. 웃음을 주된 목적으로 삼는 "희극"(comedy) 장르임에도 불구하고 이 영화가 지닌 이러한 심오한 내용과 주제는 단순히 웃고 즐기는 차원의 영화를 넘어선다. 특히, 미국 국가 영화 기록소(the United States National Film Registry)가 이 영화를 "문화적으로, 역사적으로, 혹은 미학적으로 중요한"(culturally, historically, or aesthetically significant) 기록물로 평가하고 2006년도에 미국 의회의 동의를 얻어 기록소에 보관할 것을 결정하였다는 사실로도 이 영화의 가치는 잘 입증된다.

에버트(Roger Ebert)는 이 영화를 자신의 "위대한 영화"(Great Movies) 목록에 첨가하면서, "여유를 가지고 면밀히 봐야 그 진가를 알 수 있는"(you have to stand back and slap yourself before you see how good it really is) 작품으로 평가하고 있다. 마찬가지로 이 작품에는 전체적인 주제를 함축적으로 포함하면서 원활한 내용전개를 효과적으로 돕는 여러 시들이 월터 스코트의 시를 제외하고는 보물찾기처럼 숨어 있다. 영화 속의 시들은 특히 자기중심적이고 냉소적 인간인 코너스가 자애롭고 사랑스러운 인간으로 변모해 가는 과정을 절묘하게 보여 준다. 리타가 코너스에게 낭송해 주는 월터 스코트 경(Sir Walter Scott: 1771 - 1832)의 시『마지막 음유시인의 노래』는 변모 이전의 코너스의 인간성을 잘 대변해 준다. 영화에서는 인용된 부분의 13행에서 16행까지 낭송 된다.

이곳이 내가 태어난 나의 조국이오라고
말해본 적이 없는 영혼이 죽은
한 사내가 숨 쉬고 있다.
이국의 해안가를 방랑하며
조국에서 멀어지는 어떤 심장이 불타오르지 않으리오?
그런 이가 있거든, 가서 잘 보시오!
바랄 수 있는 높은 직책과, 명예로운 이름
온갖 부를 지녔을 지라도,
그를 위해 어떤 시인도 가슴 벅찬 노래를 하지 않을 것이오.
그런 직책과, 권력과 부에도 불구하고,
자신에게만 몰두하는 그 가련한 자는,
살아서는, 그 명성을 상실하고
죽어서는, 그가 왔던 혐오스런 먼지로 다시 갈 것이오,

울어주는 이, 기려주는 이, 노래 불러주는 이 하나 없이.
(6장 2연 1-16행)

Breathes there the man with soul so dead
Who never to himself hath said,
This is my own, my native land!
Whose heart hath ne'er within him burn'd
As home his footsteps he hath turn'd
From wandering on a foreign strand?
If such there breathe, go, mark him well!
For him no minstrel raptures swell;
High though his titles, proud his name,
Boundless his wealth as wish can claim,-
Despite those titles, power, and pelf,
The wretch, concentred all in self,
Living, shall forfeit fair renown,
And, doubly dying, shall go down
To the vile dust from whence he sprung,
Unwept, unhonour'd, and unsung.

『마지막 음유시인의 노래』는 장편 설화시(narrative poem)로써, 인용된 부분은 6장 1연(Canto vi. Stanza 1)에 해당되는 부분이다. 이 시는 스코틀랜드의 유명한 귀족가문인 버클루 공작(Duke of Buccleuch)의 뉴왁 성(Newark Castle)을 방문한 노시인이 공작부인 앤(Ann)으로부터 환대를 받고 그 대가로 공작부인 가문의 이야기를 들려주는 형식을 띠고 있다. 내용은 노시인과 공작부인이 살던 시기에서 150년 전인 6세기경에 발생한 잉글랜드와 스코틀랜드 접경 지역에서의 분쟁을 다루고 있다. 삼년 만에 6판이 나오고 10년 동안 27,000권이라는 경이로운 판매를 기록한 이 작품을 통하여 스코트는 스코틀랜드 최고의 시인이라는 명성을 얻게 된다. 마법사와 도깨비 그리고 이루어질 수 없는 사랑 등등의 중세 기사 이야기의 전형에 근거한 이 작품의 주제와 내용은 영화『사랑의 블랙홀』과는 그다지 밀접한 관계는 없다. 다만, 인용된 부분만을 독립적으로 보면 코너스의 인간성을 설명하는데 "자신에게만 몰두하는 그 가련한 자"라는 구절만큼 적절한 표현은 없다. 그는 자신의 방송국을 자신의 직장으로 여겨 본 적도, 펑서토니에 애정을 지녀본 적도 그리고 자신의 동료와 고교동창을 포함한 주변 인물들에게 관심을 기울인 적이 없는 "영혼이 죽은 한 사내"에 불과한 인물이다. 그는 늘 자신에게 맞는 "직책과, 권력과 부"를 탐하지만, 지극히 자기중심적인 그 스스로의 성격 탓에 "살아서는, 그 명성을 상실하고" "죽어서는, 울어주는 이, 기려주는 이, 노래 불러주는 이 하나 없이" "혐오스런 먼지"로 다시 돌아 갈 것을 전혀 알지 못하는 "가련한" 인물인 것이다. 리타가 이 시를 인용하며 그의 속성을 꼬집는 것은 후에 그가

그녀를 사랑하게 된다는 점에서 보자면 매우 적절하다.

이 영화에 등장하는 두 번째 시는 미국 시인 조이스 킬머(Joyce Kilmer: 1886 - 1918)의 「나무들」(“Trees”)이다. 영화 속에서 이 시는 리타에게 사랑하는 감정이 생긴 코너스가 그녀와 밤을 함께 지내면서 읽어 준다.

나무만큼 사랑스러운 시는
결코 볼 수 없으리라.
그 주린 입은 언제나
달콤한 대지의 모유를 빨 준비가 되어 있고,
종일 하느님을 올려 보며
무성한 팔을 들어 기도하고
여름이면 머리 춤에
로빈 새 둥지를 내어주고
허리춤에는 눈이 덮이고
비와 친근한 나무.
시는 나 같은 어리석은 사람도 만들지만,
나무는 하느님만이 만들 수 있다.

I think that I shall never see
A poem lovely as a tree.
A tree whose hungry mouth is prest
Against the sweet earth's flowing breast;
A tree that looks at God all day,
And lifts her leafy arms to pray;
A tree that may in summer wear
A nest of robins in her hair;
Upon whose bosom snow has lain;
Who intimately lives with rain.

Poems are made by fools like me,
But only God can make a tree.

이 시는 킬머의 시 중에서 가장 잘 알려진 시이다. 이 시에서 잘 드러나듯, 킬머의 시에 대한 비평가들의 일반적인 평가는 지나치게 감상적이고 단순한 주제와 낡은 문체를 구사한다는 것이다. 이러한 단점에도 불구하고, 이 시는 나무 혹은 자연을 보는 그의 예민하고 친근한 시선과 경외감을 잔잔하게 잘 드러내어 준다. 시인은 사계절을 아우르며 어린 묘목에서 큰 나무로 성장해 가는 나무를 통하여 "사랑스러운 시"와 하늘을 "올려보며 . . . 기도"하는 신앙심과 새들에게 자리를 내어주는 배려 그리고 그러한 나무 앞에서 "어리석음"을 느끼는 겸손함 등등의 삶에 필수적인 모든 것들을 체득한다. 이는 마치 나무와 비의 "친근한" 관계처럼 시인이 자연 속에 철저히 동화되지 않고서는 불가능한 것이다.

"나무들"은 영화 속에서 "나무는 하느님만이 만들 수 있다"는 마지막 연만이 인용되지만, 자연을 보는 킬머의 시선과 자신의 곁에서 잠이 든 리타를 바라보는 코너스의 시각은 매우 닮아 있다. 이 점은 이 시를 들으며 잠이 든 리타에게 그가 하는 "나 같은 놈은 당신 같은 이를 사랑할 자격이 없어. 하지만 혹 사랑하게 된다면 평생 그대만을 사랑할 것을 맹세 하겠소"(I know a guy like me could never deserve to have someone like you, but if I did, I swear I would love you for the rest of my life)라는 최초의 사랑 고백으로도 잘 드러난다. 이 고백 이후 코너스는 끊임없이 반복되는 동일한 하루를 대하는 태도에 변화가 오기 시작한다.

코너스의 변화는 콜릿지(Samuel Taylor Coleridge: 1772 - 1834)의

시「희망 없는 일」("Work Without Hope")를 통해서도 잘 드러난다. 이 시는 코너스가 리타와 함께 한 다음 날 역시 동일하게 반복된 아침에 늘 첫 대화를 나누지만 늘 냉소적으로 대답하던 사람에게 이전과는 달리 최초로 한 따뜻한 대답이기도 하다.

만물이 분주해 보이는구나. 달팽이는 잠자리에서 나오고
벌들은 바쁘고, 새들은 날개 짓하고
확 트인 대기 속에서 졸던 겨울은
미소 짓는 얼굴 위에 봄의 꿈을 지니고 있구나!
그 가운데, 유일하게 한가한 나는
꿀도 만들지 못하고, 짝짓기도, 집짓기도, 노래도 못하는 구나.

하나 나는 아마란스가 나부끼는 둑 방을 잘 알기에,
감로수가 흘러나오는 샘을 찾아간다.
꽃 피우라, 오 그대 아마란스여, 그대가 원하는 이를 위하여
날 위해선 꽃 피우지 마시라. 풍요로운 샘이여 흘러가라 멀리!
어두운 입술과, 화환 없는 머리로, 나는 배회한다.
내 영혼을 멍하게 만드는 주문을 알고 싶은가?
체로 감로수를 거르는 희망 없는 일과,
사는 것을 무의미하게 만드는 목적 없는 희망.

All Nature seems at work. Slugs leave their lair -
The bees are stirring - birds are on the wing -
And Winter slumbering in the open air,
Wears on his smiling face a dream of Spring!
And I the while, the sole unbusy thing,
Nor honey make, nor pair, nor build, nor sing.

Yet well I ken the banks where amaranths blow,
Have traced the fount whence streams of nectar flow.

Bloom, O ye amaranths! bloom for whom ye may,
For me ye bloom not! Glide, rich streams, away!
With lips unbrightened, wreathless brow, I stroll:
And would you learn the spells that drowse my soul?
Work without Hope draws nectar in a sieve,
And Hope without an object cannot live.

1825년에 쓰인 이 시는 소위 '작가의 슬럼프'(writer's block)에 빠진 콜릿지의 심경을 다룬 시로 알려져 있다. 콜릿지는 비단 이 시기뿐 아니라 전 생애에 걸쳐서 금전, 애정, 가정, 건강 등등의 거의 모든 부분에서 문제를 지닌 불행한 시인이었다. 특히, 마취약이 없던 당대의 의술 여건에서 비롯된 것이기는 하지만, 아편 중독은 그를 끊임없이 괴롭혔다. 따라서 그에게 시는 고단한 삶에서 벗어나는 유일한 탈출구의 역할을 담당했을 것이며, 그런 시인에게 "노래도 못하는" 고통은 매우 큰 것임을 쉽게 유추할 수 있다. 이 시의 첫 번째 연에서 콜릿지는 세상에 만연한 생명력 넘치는 봄과는 달리 자신은 여전히 추운 겨울 속에서 머무르고 있음을 한탄한다. 두 번째 연은 시인의 고민이 무엇인지를 보다 명확하게 보여준다. 시 속에서 영원히 시들지 않는 전설상의 꽃인 아마란스가 만발한 "풍요로운 샘"은 시인들이 섬기는 뮤즈의 또 다른 모습이다. 그 곳의 위치를 정확하게 알고 있음에도, 시인은 "어두운 입술과, 화환 없는 머리로 . . . 배회한다." 그러나 시인이 "날 위해선 꽃 피우지 마시라"고 선언하는 것은 그의 시(詩)샘이 말라서라기보다는, 시인의 "희망 없는 일"과 "사는 것을 무의미하게 만드는 목적 없는 희망"이 현실 속에서 노래할 대상을 찾지 못하기 때문이다. 콜릿지가 이 시를 쓸 당시 유럽은 1815년에 끝난 "나폴레옹 전쟁"(the Napoleonic Wars)과 산업혁명 그리고 영국에서는 경제 공황기에 따른 대규모 시위가 1819년 "페텔루 대학살"(the Peterloo Massacre)을 낳는 등 혼돈과 격변의 시기였다. 이런 혼란스러운 시대적 정황을 감안하여 보면 콜릿지가 세상사 보다는 그 속에서 목적지 없이 방황하는 개인의 문제에 더 관심을 지닌 것은 당연해 보이기도 한다.

영화 속에서 콜릿지의 시는 "확 트인 대기 속에서 졸던 겨울은 / 미소 짓는 얼굴위에 봄의 꿈을 지니고 있구나!"라는 부분만 짧게 인용된다. 그러나 콜릿지 시의 전체적인 맥락과 영화 속에서의 맥락은 절묘하게 일치한다. 세상에는 봄이 오고 있음에도 여전히 "어두운 입술과, 화환 없는" 겨울에 갇혀있는 시인의 입장은 내일이 없는 끊임없는 겨울에 갇힌 코너스의 입장과 동일하다. 또한 주변의 만물과 동떨어져 "꿀도 만들지 못하고, 짝짓기도, 집짓기도, 노래도 못하는" "유일하게 한가한" 시인과 마찬가지로 코너스 역시 주변 사람들과 어울리지 못하고 자신의 일에 대한 애착도 없다. 여러 번에 걸친 자살 시도는 그가 현실을 받아들이고 있지 못한다는 면을 극단적으로 보여 준다. 이러한 공통점과 더불어 콜릿지의 시는 영화에서 코너스가 보이는 변화에 대한 실존적 의미의 심오한 복선을 지니고 있다. 즉, 코너스가 더 나은 인간으로 변모해 갈 수 있는 동력이 되는 '자신의 실체'에 대한 깨달음을 암시하고 있다는 점이다. 실제로 이 후 코너스는 자신이 얼마나 현실에서 멀어져 있었으며, 주변 동료와 도움을 필요로 하는 이웃들에게 무심했는가를 깨닫고 그에게는 '고통'이었던 '동일한 날의 반복'을, 사랑하는 사람을 이해하고 이웃의 고통을 덜어주는 '베품'을 통한, '즐거움'으로 변모 시킨다. 영화의 결말 부분에서 코너스는 리타에게 "눈 속에 있으니, 천사처럼 보이는 군요"(When you stand in the snow, you look like an angel)

라고 한다. 이는 그가 그녀를 사랑하기에 자연스러운 것이지만, 보다 의미심장한 것은 그가 천사를 보는 방법을 배웠다는 점이다. 그 배움은 "목적 없는 희망"과 "희망 없는 일" 대신에 그의 모든 일에 '희망 가득 찬 목적'을 제공해 준다.

영화의 결말은 동화의 결말만큼 유쾌하다. 그러나 코너스의 행복한 결말은 기사의 용맹함이나 지나가던 마법사의 도움 혹은 리타라는 공주의 사랑스러운 입맞춤으로 '저주'가 풀려 생겨난 것은 아니다. 물론 영화는 끊임없이 반복되는 하루라는 실현 불가능한 설정을 바탕으로 하고는 있지만, 이는 우리가 늘상 대하는 우리 삶의 모습을 극대화한 것에 불과하다. 따라서, 코너스가 그 극대화된 일상에서 흔히 지나치던 것들의 의미와 가치를 발견하고 행복을 되찾는 것은 '먼 먼 나라'(the kingdom of Far Far Away)[14]의 이야기가 아니다. 반복되는 하루하루 속에서 긴 탈출 혹은 짧은 일탈을 꿈꾸는 '바로 우리들의' '우리들을 위한' 이야기이다.

14) 영화 『슈렉 2』(*Shrek* 2 2004)의 배경.

『사브리나』(*Sabrina*)와 밀턴(John Milton)의 「요정 사브리나」("Sabrina Fair")

『사브리나』(*Sabrina* 1995)

- 감독: 시드니 폴락(Sydney Pollack: 1934 – 2008)
- 출연: 해리슨 포드(Harrison Ford) …… 라이너스 래러비(Linus Larrabee)
  줄리아 오몬드(Julia Ormond) …… 사브리나 페어차일드(Sabrina Fairchild)
  그렉 키니어(Greg Kinnear) ……… 데이빗 래러비(David Larrabee)
  존 우드(John Wood) …………… 토마스 페어차일드(Tomas Fairchild)

미국의 극작가 사뮤엘 테일러(Samuel Taylor: 1912 - 2000)의 희곡『요정 사브리나』(*Sabrina Fair*)는 1953년 미국 브로드웨이의 "국립극장"(National Theatre)에서 초연한 이후 총 318회의 공연을 기록한 바 있다. 이 성공에 힘입어 테일러가 1954년 영화감독 빌리 와일더(Billy Wilder: 1906 - 2002)와 어네스트 레만(Ernest Lehman: 1915 - 2005)과 함께 영화로 각색한 것이『사브리나』이다. 오드리 헵번(Audrey Hepburn), 험프리 보가트(Humphrey Bogart) 그리고 윌리암 홀든(William Holden)이 등장하는 와일더의『사브리나』는 2002년 미국 의회의 동의를 얻어 미국 국가 영화 기록소(the United States National Film Registry)의 "문화적으로, 역사적으로, 혹은 미학적으로 중요한"(culturally, historically, or aesthetically significant) 기록물 목록에 올라 있다.

1995년『사브리나』는 시드니 폴락에 의해 리메이크되었으나, 전작 와일더의 작품이 받은 호평은 받지 못하였다. 버라디넬리(James Berardinelli)는 폴락의『사브리나』를 "와일더의 작품에 뒤지는, 지나치게 낭만적 정서에 의존하는 리메이크의 열풍 속에 그저 목록 하나 첨가한 작품'"(Even though it isn't as good as the original 1954 version, this movie, brought to the screen by director Sydney Pollack, simply has too much romantic appeal and on-screen chemistry to be dismissed as "just another" in the ever-growing pool of remake)으로 평가한 바 있다.『롤링 스톤』(*Rolling Stone*)의 트래버스(Peter Travers) 역시 이 영화를 "형편없는 리메이크"(dud remake)로 부르고 있다. 반면에 에버트(Roger Ebert)는 폴락의『사브리나』에 대해 다소 우호적이다.

『사브리나』는 이야기의 구성 그 자체가 왜 중요한가를 잘 보여

준다.『사브리나』는 신데렐라와 미운 오리새끼의 신화에 모호하면서도 강력한 프로이드적 충동을 뒤섞어 낭만 희극으로 버무려 낸다. 이로써 이미 절반의 성공은 확보한 것이나 마찬가지다. 비록 냉소적인 감정 절제라는 점에서는 뒤떨어지지만 폴락의『사브리나』도 원작만큼 만족스럽다.

Musing about "Sabrina," I formed some notions about why the plot is so powerful: It gives us the myths of Cinderella and the Ugly Duckling, inserts some powerfully murky Freudian impulses, and wraps them up in a romantic comedy. If it's halfway well done, it can hardly fail. The new version is just as satisfying, if not as dry and cynical, as the original.

에버트의 평가는 신분을 초월하는 사랑 이야기인 '신데렐라 이야기'(Cinderella romance)가 왜 끊임없이 등장하며 또한 관객들이 호응하는가에 대한 설명도 된다. 버라디넬리는 이러한 신데렐라 이야기를 "공식으로 짜 맞추어진 구성"(formula-driven plot, plot-by-numbers story)이라 폄하하지만, 에버트는 그것이 이미 신화화된 인간의 본능적 욕구로 보고 있다. 에버트의 이러한 평가는『뉴욕 타임즈』의 비평가 앳킨슨(Brooks Atkinson)이 테일러의 원작을 "신데렐라 이야기를 뛰어 넘어 하이 코미디라는 보다 고상한 영역"(beyond a Cinderella romance and into the more exalted realm of high comedy)에 속하는 작품이라는 평가를 감안하면 좀 더 설득력이 있다.

『사브리나』가 단순한 신분상승과 결부된 사랑이야기를 초월하는 인간의 보편적 욕구를 다루는 작품이라는 점은 이 작품의 제목과 여 주인공의 이름을 제공한 영국 시인 존 밀턴(John Milton: 1608 - 1674)의 시「요정 사브리나」("Sabrina Fair")를 통해서도 잘 드러난다. 두 작품은 이름뿐 아니라 여러 가지 점에서 유사성을 보이고 있다. 따라서 밀턴의 시와 접목하여 관찰하면 영화『사브리나』가 '실패하지 않는 이야기구성'을 통하여 최소한의 흥행을 보장 받으려는 얄팍한 영화가 아니라는 사실을 보여줄 수 있을 것이다. 영화 속에서 사브리나는 자신의 이름을 밀턴의 시「요정 사브리나」에서 따 왔다고 라이너스에게 설명하고 있다. 그러나「요정 사브리나」는 밀턴의 가면극(Mask, Masque)[15]인『코머스』(*Comus*)에 등장하는 한 부분이다. "웨일즈 공소 법원 장관"(Lord President of Wales)에 취임하는 존 에거튼(John Egerton: 1579 - 1649) 백작을 기리기 위하여 밀턴이 1634년에 만든『코머스』의 원제는『러드로우 성에서 공연된 가면극, 1634』(*A Mask Presented at Ludlow Castle, 1634*)이다. 영화『사브리나』에서처럼, 이 작품의 주요 등장인물은 두 명의 오빠와 "숙녀"(the Lady)라고 불리는 한 명의 여동생이며, 토대가 되는 줄거리는 숲 속에서 길을 잃은 숙녀를 두 오빠가 찾아 나서 우여곡절 끝에 다시 만난다는 것이다. 숲에서 길을 잃은 숙녀는 마을 사람으로 변장한 "술과 향락의 신"(god of drinking and revelry) 코머스를 만나게 된다. 코머스는 오빠들을 만나게 해 주겠다는 꼬임으로 숙녀를 자신의 "쾌락의 성"(pleasure palace)으로 유인한다. 자신의 성에서 코머스는 한번 앉으면 일어나지 못하는 끈적이는 마법 의자에 숙녀를 앉히고, 한 손으로는 마법의 지팡이를 들고 다른 한 손으로는 그녀를 자신의 의지대로 굴복시킬 수 있는 음료를 마시도록 요구한다.

15) 원래는 변장한 모습으로 선물을 가져오는 손님의 도착을 강조하여 표현하던 오락의 한 형태였음. 16-17세기 무렵 왕족과 귀족을 위한 연극양식으로 공연되다가 이후 영국 궁정에 널리 유행하였다. 시, 음악, 정교한 의상, 거대한 무대 장치, 우화적이며 신화적인 주제와 등장인물 등으로 구성되었다.

"확고한 정조관념"(Sun-clad power of Chastitie)을 지닌 숙녀는 "절제와 순결"(temperance and chastity)의 미덕을 강조하며 그의 잔을 거부한다. 그러자 코머스는 굶주린 숙녀 앞에 진수성찬을 제공하며 식욕이라는 몸의 욕구에 따르는 것은 정당하고도 자연스러운 행위임을 강조한다. 숙녀는 이성적 자기통제만이 미덕이자 교양 있는 행동이라며 끝까지 코머스의 유혹을 거부한다.

> 바보 같은 이여, 허풍 치지 마세요.
> 그 어떤 마법으로도 내 이성의 자유를
> 속박할 수 없어요, 비록 이 육신은
> 그대에게 잡혀 있을지라도, 하늘은 내가 옳다는 것을 아시지요.
> (662-665행)
>
> Fool do not boast,
> Thou canst not touch the freedom of my minde
> With all thy charms, although this corporal rinde
> Thou haste immanacl'd, while Heav'n sees good.

결국 숙녀와 코머스의 논쟁은 상징적으로 "영혼과 육체" "이성과 본능" "절제와 쾌락" 등의 갈등을 의미하며 그들은 각각 "선"과 "악"을 의인화하고 있음을 알 수 있다. 둘의 논쟁과 갈등은 "수호천사"(Attendant Spirit)의 도움을 받은 두 오빠가 숙녀를 찾아내고 코머스를 쫓아냄으로써 끝이 난다. 이후 수호천사는 마법 의자에서 숙녀를 풀어내기 위하여 물의 요정 사브리나를 불러낸다. 사브리나는 끝까지 미덕을 잃지 않은 순결한 숙녀를 칭송하며 그녀를 풀어 준다. 숙녀와 두 오빠는 함께 집으로 돌아가고 그녀의 부모는 그녀를 기리는 성대한 잔치를 연다. 밀턴은 에필로그에서 갖은 고난 후에 다시 큐피드(Cupid)와 재회하여 행복한 결혼을 하게 되는 프시케(Psyche)의 일화를 첨가함으로써 숙녀의 행위에 신화적 의미를 부여한다.

『코머스』에서 수호천사와 물의 요정 사브리나의 등장은 철저한 청교도였던 밀턴의 종교관을 보여 주는 면을 지니고 있다. "원죄설"(Original Sin)에 입각하여 인간의 철저한 '정화'(purification)를 강조한 '청교도'(Puritan)는 인간의 삶이란 오로지 속죄와 그 정화를 통해 드러나는 신의 영광을 위해서만 존재해야 한다고 강조한다. 따라서 청교도적 관점에서 인간이란 매우 나약한 존재이다. 밀턴이 『코머스』에서 숙녀가 온갖 유혹에도 넘어가지 않았음에도 수호천사와 요정 사브리나를 동원한 것은 인간이 갖는 한계와 그에 따른 신의 권능과 정당성을 보여주기 위함이다. 특히, 코머스가 죽거나 완전히 없어지지 않고 도망갔다는 사실 또한 인간에게 유혹은 언제든지 다시 나타날 수 있음을 경고하는 것이기도 하다. 존슨(Samuel Johnson)이 자신의 『시인 평전』(*Lives of the Poets*)에서 『코머스』를 "『실락원』의 전조가 되는 밀턴 초기의 가장 뛰어난 작품"(The greatest of his juvenile performances is the Mask of Comus, in which may very plainly be discovered the dawn or twilight of *Paradise Lost*)으로 평가한 이유 중의 하나는 바로 이러한 주제적인 유사성 때문이다.

밀턴의 『코머스』는 인간의 본성을 의인화하는 '우화'(allegory)적 성격을 띠고 있으며, 또한 각각의 개별적 인물이 지닌 특성은 처음부터 끝까지 변함없이 일관적이다. 영화 『사브리나』 역시 시작과 끝을 "옛날 옛적에"(Once upon a time)라는 동화적 구성으로 제시함으로써 이 작품이 우화적 성격이 있음을 의도적으로 암시하고 있다. 그러나 현대적 의미의 우화는 한 개인에게 특정한 성격을 부여하기

보다는 등장인물들이 처한 다양한 상황이나 혹은 상황에 따라 한 개인이 보이는 이중성을 통하여 인간의 본성을 그려내는 보다 복잡한 양상을 띤다. 테일러의 원작이나 영화도 예외는 아니다. 따라서 영화『사브리나』와 밀턴의『코머스』가 지닌 유사성은 영화 속의 각각의 등장인물을 하나의 속성으로 국한시키기 보다는 각각의 상황에 따른 등장인물의 변화에 보다 주목해야 드러난다. 이러한 변화가 결과적으로 우화가 달성하려는 목적에 결부되는 것이기 때문이다. 영화『사브리나』에서 갈등관계에 있는 핵심적 인물은 사브리나와 라이너스이며, 이 둘의 관계는『코머스』에서 숙녀와 코머스의 적대적 갈등 관계에 비견될 수 있다. 사브리나는『코머스』의 숙녀가 숲 속에서 길을 잃고 홀로 방황하다 코머스의 꼬임에 빠져 그의 성으로 이끌려 가는 것처럼, 홀로 외로운 파리 생활을 한 후 래러비가(家)의 "성이라 할 만큼 커다란 저택"(a very, very large mansion, almost a castle)으로 돌아간다. 그 성에서 그녀에게 닥친 첫 번째 유혹은 그녀가 흠모하던 데이빗이 자신의 어머니 생일파티에 그녀를 정식으로 초대한 것이다. 어두운 숲 속에서 방황하던 숙녀에게 코머스가 제공하는 달콤한 음료와 진수성찬이 치명적인 유혹이 되는 것처럼, "아주 오래전부터 수백, 수천 번을 맘속으로 원하던 초대를

받았다"(I promised myself years ago all those years, hundreds of times, thousands of times and now I'm invited)는 사브리나에게는 데이빗의 초대는 거부할 수 없는 유혹인 것이다. 그녀가 흠모하는 이에게 초대를 받은 것이 유혹이 되는 것은 데이빗이 지독한 바람둥이이자 이미 약혼자가 있기 때문이다. 아이러니컬하게도 이 첫 번째 유혹은 사브리나가 아닌 데이빗이,『코머스』의 숙녀가 마법의 의자에서 벗어나지 못하는 것처럼, 샴페인 잔을 깔고 의자에 앉는 바람에 엉덩이를 다쳐 자리에서 일어나지 못해 실패한다. 이 과정은 우연이나 초자연적 힘의 도움으로 생기는 것이 아니라 둘을 갈라놓기 위한 라이너스의 계략이다. 따라서 첫 번째 유혹으로 등장하는 사브리나와 데이빗의 관계는 라이너스가 얼마나 코머스적인 인물인가를 강조하기 위한 하나의 장치로 이해될 수 있다.

코머스가 숙녀를 향락에 빠뜨리려는 목적을 지니고 유혹하는 것처럼, 라이너스 역시 자신의 사업적 목적을 달성하기 위하여 사브리나에게 접근한다. 한편 사브리나의 측면에서도 그녀가 라이너스와 함께 그의 '별장,' '전용 제트기' 혹은 '값비싼 레스토랑'에서 '예기치 않은' 좋은 시간을 보내는 상황은『코머스』의 숙녀가 숲에서 '예기치 않게' 길을 잃고 화려한 '쾌락의 성'에서 코머스의 감언이설과 '진수성찬'을 대하는 장면과도 닮아있다. 차이라면『코머스』에서는 수호천사가 요정 사브리나를 불러내지만 영화에서는 사브리나 자신이 '불러내는'(시를 낭송하는) 것이다. 그러나 엄밀히 보자면 사브리나라는 이름을 지어준 아버지 페어차일드는 그녀에게 수호천사와 마찬가지이다.

사브리나 요정이여
그대 앉은 그 곳에서 유리알처럼 투명하고
서늘한 물결 아래에서 들으시게,
백합 화환으로 장식된 곱게 땋은 그대 머리 단에선
황금빛 보석이 은은히 흘러내리는 구나,
잘 들으시게,
은빛 호수의 여신이여,
듣고, 구해주시게! (859-866행)

Sabrina fair,
Listen where thou art sitting
Under the glassy, cool, translucent wave,
In twisted braids of lilies knitting
The loose train of thy amber-dropping hair:
Listen for dear honor's sake,
Goddess of the silver lake;
Listen, and save!

숙녀를 유혹하는 코머스와 그가 상징하는 뜨거운 향락과 달리 요정 사브리나는 "유리알처럼 투명하고 서늘한" 곳에 사는 "은빛 호수의 여신"이다. 따라서 그녀는 순결과 뜨겁지 않게 정돈된 이성과 정절을 의미한다. 요정 사브리나를 통하여 코머스의 마법이 제거되는 것처럼, 영화에서 라이너스는 사브리나를 통하여 점차적으로 변모해 간다. 그녀를 만나기 전 라이너스는 본능적 쾌락만을 추구하는 코머스처럼 "심장을 적선해버린"(living heart donor) 냉혹한 사업가이다. 특히 라이너스는 자신의 사업을 확장시키기 위하여 자신의 호의를 사브리나에게 이용하고 있다는 점에서 철저하게 현대화된 코머스이자, 물질적 부와 탐욕의 신(神)인 '맘몬'(Mammon)이라

할 수 있다. 그러나 사브리나가 낭송하는 이 시는 마법의 효력을 지닌 주문처럼 그가 결코 벗어날 수 없을 것 같아 보이던 그의 의자 즉, '냉혹한 사업가'의 의자에서 점차적으로 벗어나게 만든다. 이처럼 그에게 사브리나가 요정으로 다가온다는 사실은 "재미있군. 네 얘길 듣고 있으면 내가 어찌했을까 궁금해져. 글쎄 뭔가 달라. 다른 느낌이 들어"(You know, it's funny, listening to your talk makes me wonder if I shouldn't . . . Something different. I feel different)라는 고백으로도 드러난다.

밀턴의『코머스』에서 드러나는 지배적인 모티브 중의 하나는 '방랑'(pilgrim)이다. 마치 오디세이(Odyssey)가 혹독한 시련으로 가득한 기나긴 방랑 끝에 고향 이타카(Ithaca)와 사랑하는 부인 페넬로페(Penelope)에게 돌아가듯이 또한 프시케가 긴 세월 동안 갖은 시련의 방랑을 마치고 남편 에로스에게 돌아가듯이, 숙녀와 두 오빠 모두 숲과 코머스의 성에서 혹독한 시련을 경험하고 유혹을 극복함으로써 행복한 재회를 한다. 영화 속에서 사브리나의 방랑은 어린 시절 래러비 저택의 나무 위에서 시작하여 파리와 래러비 저택 그리고 다시 파리로 이어진다. 이러한 지리적 방랑은 데이빗에게서 라이너스라는 사랑하는 대상에 대한 방랑으로 이어진다. 사브리나의 방랑은 그녀를 지켜보는 아버지 페어차일드의 "자기 자릴 못 찾는 것 같아. 그 애 자리는 저택도, 차고 위도 아니지"(She's just a displaced person, I'm afraid. She doesn't belong in a mansion. Then again, she doesn't belong above a garage, either.)라는 걱정으로 드러나기도 한다. 결과적으로 사브리나의 방랑은 '참사랑'의 획득을 위한 것이다. 따라서 사브리나의 방랑은 라이너스의 방랑과 그 행보를 함께 한다. 라이너스는 그녀를 만나기 이전의 모든 자신의 삶이 허황된 방랑에 불과했음을 시인하고 사브리나에게 길을 제시해 줄 것을 요구한다.

> 난 평생 남의 발자국만 따라다녔어. 날 구해줘, 요정 사브리나. 너 밖에 할 수 없어.
>
> I've been following in footsteps all my life. Save me, Sabrina fair. You're the only one who can.

결과적으로 라이너스에게 사브리나는 그를 긴 방랑에서 끌어 내 주는 요정 사브리나이자, 오딧세이가 모든 유혹과 시련을 이겨내도록 힘이 되는 페넬로페와 같은 인물이라는 것이다. 또한 그의 방랑의 끝은, 프시케가 긴 방랑을 마치고 자신의 참사랑인 에로스를 다시 만나게 되는 것처럼, 사브리나가 자신의 참사랑을 발견하게 되었다는 것을 의미한다. 영화는 이러한 해피엔딩을 "옛날 옛적에"라

는 동화의 시작 문구로 매듭지으며 그들의 사랑 이야기가 현실에 존재하는 것이라기보다는 인간의 내면 깊이 도사린 가장 따뜻한 사랑이야기의 원형임을 암시한다. 사브리나의 아버지 페어차일드는 그녀에게 “넌 땅에서 보다 나무 위에서 더 오래 살았구나”(You’ve spent more of your life up that tree than you have on solid ground)라고 말한다. 바로 이 척박한 현실의 땅이 아닌 천상의 나무에 사는 요정 사브리나가 차가운 현대인 라이너스와 오늘날의 우리 독자들에게 사랑으로 충만한 삶 자체가 지닌 따뜻함을 제공하는 것이다.

『해 뜨기 전에』(*Before Sunrise*)와 오든(W. H. Auden)의 「어느 날 밤 밖으로 나갔을 때」("As I Walked Out One Evening")

『해 뜨기 전에』(*Before Sunrise* 1995)

- 감독: 리차드 링클레이터(Richard Linklater)
- 출연: 줄리 델피(Julie Delpy) ········· 셀린(Céline)
  에단 호크(Ethan Hawke) ······ 제시(Jesse)

리차드 링클레이터는 1989년 필라델피아의 장난감 가게에서 우연히 한 여성을 만나 밤늦도록 도시 구경을 하며 대화를 나눈 적이 있으며, 이 경험이『해 뜨기 전에』의 토대가 되었다고 밝힌 바 있다. 실제로 이 영화의 주된 줄거리는 기차에서 우연히 만난 미국 청년 제시와 프랑스 아가씨 셀린이 하룻밤 동안 비엔나를 여행하며 이런 저런 대화를 나누는 것이 전부이다. 그럼에도 불구하고 영화평론가 글라이버맨(Owen Gleiberman)는 이 영화가 "소규모 영화도 대형 영화 못지않음을 보여준 대담한 영화"(Small movies can be as daring as big ones)로 평가 하였으며, 버라디넬리(James Berardinelli)는 이 영화를 "시대를 초월한 최고의 연애 영화"(the best romance of all time)로 본다. 이러한 비평가들의 호평은 대체적으로 이 영화가 보여주는 신선함에서 비롯된다. 매슬린(Janet Maslin)은 "이 영화 속의 두 청춘이 보여주는 사고와 태도는 마치 새 옷처럼 신선하다"(both these young characters trying on ideas and attitudes as if they were new clothes)고 평가하고 있다. 이런 점에서 힌슨(Hal Hinson)의 언급은 이 영화에 대한 종합적인 평가라 할 수 있다.

> 『해 뜨기 전에』는 대형 영화이거나 심오한 사상을 다룬 영화가 아니지만, 많은 영화들 속에서 흔히 볼 수 있는 20대의 진부한 사랑이야기를 초월한 영화이다. 적어도 이 영화 속의 젊은 연인들은 생생하게 살아 있다.
>
> Before Sunrise is not a big movie, or one with big ideas, but it is a cut above the banal twenty something love stories you usually see at the movies. This one, at least, treats young people as real people.

이 영화가 보여주는 사실성을 라샐(Mick LaSalle)은 "이 영화는 모든 순간이 진실하다”(it be honest every second)고 까지 언급한 바 있다. 결과적으로『해 뜨기 전에』에 대한 영화평론가들의 평가를 종합하자면 ‘젊은 남녀의 사랑이야기를 매우 사실적으로 그려낸 수작(秀作)’이라는 것이다.

버라디넬리는 관객이『해 뜨기 전에』를 보면서 몰입하게 되는 원인 중의 하나를 “관음증”(voyeurism)으로 들고 있다. 그의 언급처럼 제시와 셀린이 기차에서 만나 나눈 첫 대화에서부터 관객은 한 쌍의 만남에 대한 엿보기와 엿듣기에 몰입하게 된다. 이는 그들의 만남과 대화가 관객 자신이 경험하는 것 같은 그리고 언젠가는 경험할 수 있을 것처럼 일상적이면서 자연스럽기 때문이다.

셀린: 부부가 나이가 들수록 상대의 얘기를 듣는 능력이 떨어진다는 소리 들어본 적 있어요?
제시: 아뇨.
셀린: 이건 사람들 추측인데 남자는 고음을 듣는 능력이 떨어지고 여자는 저음을 듣는 능력이 떨어진대요.
제시: 말하자면 서로가 서로를 중화시키는 거죠.
셀린: 그렇군요.
제시: 서로를 힘들게 하지 말고 함께 늙어가라는 자연의 처사예요.

Céline: Have you ever heard that as couples get older, they lose their ability to hear each other?
Jessie: No.
Céline: Well, supposedly, men lose their ability to hear higher-pitched sounds and women eventually lose hearing in the low end.
Jessie: I guess they sort of nullify each other.
Céline: I guess.

Jessie: Nature's way of allowing couples to grow old together without killing each other.

독일인 부부의 말다툼이 발단이 된 이 대화는 영화가 보여주고자 하는 "사랑"과 "시간"의 문제에 대한 중요한 단서를 제공하기도 한다. 셀린의 물음처럼 인간의 사랑 혹은 관계는 세월이 지남에 따라 익숙해지고 상대방에 대한 관심이 떨어지며, 또한 제시의 대답처럼 그 세월에 따른 변화에 이내 순응하게 된다. 두 주인공은 물론 관객 모두가 삶의 자연스러운 과정으로 받아들이는 익히 잘 아는 내용이다. 『해 뜨기 전에』가 지니는 힘은 바로 이런 지극히 보편적인 문제에 그다지 특별하지도 않은 '일탈'을 도입함으로써 생겨난다. 그 일탈은 우연한 만남 후에 그저 하루 저녁 낯선 도시를 같이 대화하며 여행하다가 다음 날 각자의 길로 가는 것에 불과하다. 그러나 누구나 언제든지 품어 봄직한 이 일탈이 상당한 긴장을 제공하는 이유는 그것이 쉽게 꿈꿀 수 있는 만큼 그렇게 쉽게 실천하기는 어렵다는 점이다. 특히 우리는 그 일탈이 세월 속에서 무뎌져가는 많은 우리의 관계들을 다시 첨예하게 날 세우는 낭만적이면서도 매

우 효과적이라는 사실을 알고 있기에 일탈에 대한 욕망과 선뜻 하지 못하는 실현 사이에 더더욱 긴장이 조성된다. 바로 이 점이 관객들이 사랑스런 연인의 즐거운 일탈에 대한 엿보기와 엿듣기에 몰입하도록 만드는 것이다.

『해 뜨기 전에』가 '사랑' 혹은 보다 넓은 의미에서 '관계'의 '영원성'에 대하여 던지는 질문은 셀린과 헤어지기 전에 제시가 암송한 오든(W. H. Auden)의 시 「어느 날 밤 밖으로 나갔을 때」("As I Walked Out One Evening")에서도 반복된다. 4행 15연의 총 60행으로 구성된 이 시는 영화에서 6연과 8연만이 인용되었지만, 시 전편에 대한 감상은 시와 영화가 말하고자 하는 것에 대한 매우 긴밀한 상호보완적 설명이 된다.

1
어느 날 밤 밖으로 나갔을 때,
브리스톨 거리를 걷고 있었지,
도로위의 인파들은
추수 끝난 들판의 밀알 같았지.

2
넘실대는 강을 따라가다
기차 굴다리 아래에서
연인의 노래를 들었지,
'사랑은 끝이 없네.

3
'사랑하오, 나의 사랑, 당신을 사랑하오.
중국과 아프리카가 만나고
강이 산을 뛰어넘고
연어가 길에서 노래를 부를 때까지.

4
'당신을 사랑하오,
바다를 건져 말리고
하늘에서 북두칠성이
거위처럼 소리 내어 울 때까지.

5
'세월은 토끼처럼 달려가네,
인생의 꽃다운 시절과
세상의 첫사랑을
내 품안에 안고 있는 동안에도.'

6
허나 도시의 모든 시계가
울리고 시간을 알리기 시작한다.
'오, 시간이 당신을 속이지 않기를,
시간은 정복할 수 없으니.

7
'정의가 사라진
악몽의 은신처에서,
시간은 어둠 속에서 지켜보고
당신이 입맞춤하려할 때 기침을 한다.

8
'근심과 걱정 속에서
삶은 희미하게 사라진다,
그리고 시간은 내-일 혹은 오-늘이라는
환상을 가지게 할 것이다.

9
'수많은 푸른 계곡 속으로
섬뜩한 눈(雪)발이 날려 쌓인다,

시간은 끈으로 장식된 춤과
잠수부의 번뜩이는 작살을 깨뜨리네.

10
'오, 그대의 손을 물속에 담구라,
손목까지 담구라,
바라보라, 대야 속을 바라보며
그대가 놓친 것이 무엇인지를 생각하라.

11
'찬장에서 빙하가 달그락거리고
침대에서 사막이 한숨짓고,
찻잔에 간 금이 길을 연다
죽음의 땅으로 가는 오솔길을.

12
'그 죽음의 땅은 거지가 지폐를 팔고
콩 나무 거인이 잭을 유혹하고
순백의 소년이 맹수가 되고
소녀가 등으로 기어가는 곳.

13
'오, 보라! 거울을 보라
그대의 고통을 보라,
삶은 축복을 남긴다
비록 그대가 축복할 수 없을 지라도.

14
'오, 서라, 창문 앞에 서라
눈물이 끓기 시작할 때,
그대는 삐뚤어진 이웃을 사랑해야한다
삐뚤어진 그대 마음과 함께.

15
늦은, 아주 늦은 저녁에서야
연인들은 떠나버렸고;
시계도 소리를 멈췄고
깊은 강은 흘러만 갔다

1
As I walked out one evening,
Walking down Bristol Street,
The crowds upon the pavement
Were fields of harvest wheat.

2
And down by the brimming river
I heard a lover sing
Under an arch of the railway:
'Love has no ending.

3
'I'll love you, dear, I'll love you
Till China and Africa meet,
And the river jumps over the mountain
And the salmon sing in the street,

4
'I'll love you till the ocean
Is folded and hung up to dry
And the seven stars go squawking
Like geese about the sky.

5
'The years shall run like rabbits,

For in my arms I hold
The Flower of the Ages
And the first love of the world.'

6

But all the clocks in the city
Began to whirr and chime:
'O let not Time deceive you,
You cannot conquer Time.

7

'In the burrows of the Nightmare
Where Justice naked is,
Time watches from the shadow
And coughs when you would kiss.

8

'In headaches and in worry
Vaguely life leaks away,
And Time will have his fancy
To-morrow or to-day.

9

'Into many a green valley
Drifts the appalling snow;
Time breaks the threaded dances
And the diver's brilliant bow.

10

'O plunge your hands in water,
Plunge them in up to the wrist;
Stare, stare in the basin

And wonder what you've missed.

11
'The glacier knocks in the cupboard,
The desert sighs in the bed,
And the crack in the tea-cup opens
A lane to the land of the dead.

12
'Where the beggars raffle the banknotes
And the Giant is enchanting to Jack,
And the Lily-white Boy is a Roarer,
And Jill goes down on her back.

13
'O look, look in the mirror,
O look in your distress;
Life remains a blessing
Although you cannot bless.

14
'O stand, stand at the window
As the tears scald and start;
You shall love your crooked neighbour
With your crooked heart.'

15
It was late, late in the evening,
The lovers they were gone;
The clocks had ceased their chiming,
And the deep river ran on.

마치 우리가 영화 속에서 셀린과 제시의 여정을 구경하는 것처럼, 시인은 그가 산책길에 목격한 바를 있는 그대로 서술한다. 오든은 애초부터 이 시가 노래로 불리기를 원했다고 한다. 이는 곧 이 시가 과거 음유시인(bard)들이 부르던 밸러드(ballad)의 형태를 취하고 있다는 것을 의미한다. 밸러드의 가장 두드러지는 특징이 '노래를 통한 구전(口傳)'이기에 일상적인 내용을 단순한 언어와 이미지를 사용하여 전하는 것이 필수적이다. 이렇게 보았을 때, 오든이 매우 일상적인 이미져리를 사용하고 '사랑'과 '시간' 그리고 '죽음'이라는 인간의 주된 관심사를 다룬 이 시를 밸러드의 형태로 구성한 선택은 매우 적절해 보인다. 아울러 이러한 일상적인 관심사는『해 뜨기 전에』의 전반적인 내용과도 잘 어울린다 할 수 있다. 이 시의 내용과 주제는 크게 두 부분으로 나눌 수 있다. 시의 전반부에 해당하는 1연에서 5연까지는 낭만적 사랑의 핵심이라 할 수 있는 "사랑은 끝이 없네"를 확신하고 그 영원한 사랑을 맹세하는 연인의 노래이다. 그러나 "도시의 모든 시계가 / 울리고 시간을 알리기 시작하는" 6연에서부터 시의 화자가 사랑을 노래하는 연인에서 '시간'으로 바뀌면서 시의 어조 또한 '사랑은 영원하지도, 그 사랑이 시간을 이겨낼 수 도 없다'는 극단적인 변화를 보인다. 이 전환의 핵심은 "오, 시간이 당신을 속이지 않기를, / 시간은 정복할 수 없으니"라는 냉엄한 현실에 근거한다. 오든은 12행에서 모든 인간이 어린 시절에 익숙했던 동화의 내용을 "콩나무 거인이 잭을 유혹하고" 순수했던 "소녀(Jill)[16]가 등으로 기어가는" 매우 성(性)적인 것으로 바꾸어 버린

16) "짚신도 짝이 있다"는 속담의 영국식 표현은 "Every Jack has his Jill"로 표현한다. 이처럼 "Jill"은 한국식으로 "갑순이" 혹은 "순이"등의 소녀를 표현하는 일반적 이름이며, 이에 대응하는 소년의 이름이 Jack이다.

다. 시간의 지배를 받는 인간의 현실에서 어린 시절의 순수와 기원은 세월이 흐름에 따라 "환상"(fancy)에 불과하다는 것이다. 이 시에서 오든은 인간의 삶을 깨진 물그릇으로 보면서, 그 깨진 금 사이로 "근심과 걱정 속에서 / 삶은 희미하게 새어 나간다"며 인간 현실을 바라본다. 그럼에도 불구하고, 오든은 이 시에서 그 어떤 해결책을 제시하고 있지 않다. 대신 냉혹한 시간의 입을 빌어 "삶은 축복을 남긴다 / 비록 그대가 축복할 수 없을지라도," "그대는 삐뚤어진 이웃을 사랑해야한다 / 삐뚤어진 그대 마음과 함께"라는 역설적인 당부를 한다. 역설이 존재하는 현실을 있는 그대로 직시하고 그 현실에 최선을 다하는 것뿐이라는 것이다. 연인들도 떠나고 시계 소리도 멈추고 깊은 강만 유유히 흐르고 있음을 노래하는 이 시의 마지막 연은 현실을 지배하는 시간이 영원을 갈망하는 인간의 의지와는 얼마나 무관한 것인가를 잘 보여준다.

『해 뜨기 전에』에서 제시는 헤어지는 날 아침에 "우리는 다시 현실로 돌아왔다"(We're back in real time)라며 그들의 여정이 '비현실'적 일탈임을 분명히 한다. 이 점은 그들 여정의 출발점에서 제시가 셀린에게 비엔나를 함께 여행하자는 부탁 또한 마찬가지의 맥락이라는 사실에서도 드러난다.

> 좋아. 이런 식으로 생각해봐. 10년, 20년이 흘렀다 치자, 알았지? 그리고 넌 결혼을 했어. 그런데 결혼 생활이 옛날만큼 재미있지가 않아. 그래서 남편을 탓하기 시작하며, 네가 옛날에 만난 모든 남자를 떠올리는 거야. 그때 그 남자를 선택했다면 어떻게 됐을까 상상하는 거지. 그 남자 중 하나가 바로 나야.
>
> All right. Think of it like this. Jump ahead 10, 20 years, okay - And you're married. Only your marriage doesn't have that same energy that

> it used to have. You start to blame your husband. You think about all those guys you've met in your life and what might've happened if you'd picked up with one of them. Well, I'm one of those guys. That's me.

시인 오든처럼 제시 역시 '시간 속에서 영원한 것은 없다'는 냉엄한 현실 인식을 바탕으로 사랑 혹은 관계의 속성을 정확하게 간파하고 있다. 따라서 두 연인의 일탈이 지닌 '비현실성'은 현실에서의 시간을 이겨내기 위한 하나의 수단으로 작용한다. 바로 이 시간의 극복이라는 점에서 영화는 오든의 시보다는 좀 더 적극적이다. 제시는 사랑해 본 적이 있느냐는 셀린의 질문에 "사랑"(love)과 "성적인 감정"(sexual feeling)을 명확하게 구분 지으며, "성적인 감정은 강박적인 관계에서 시작한다"(it started with an obsessive relationship)고 밝힌다. 이 강박적인 관계는 "소유욕"과 동일한 의미로 시간 속에서 가장 깨지기 쉬운 물그릇과도 같다. 제시와 셀린이 육체적인 사랑을 나누지 않는 것은 그들의 여정이 "강박적인 관계"로 전개 되는 것을 꺼리기 때문이다. 그들은 자신들의 여정이 하루에 불과하지만 시간을 이겨내어 "사랑은 끝이 없네"를 노래하는 연인으로 남고 싶은 것이다. 영화는 마지막 장면을 통하여 두 연인이 머물다 간 비엔나의 빈 거리들을 비춰 준다. 특히 그들이 함께 누워있던 공원 잔디밭을 할머니가 무심하게 지나간다. 이 장면은 오든 시의 마지막 연의 장면과 정확하게 일치한다. 현실 속에서의 시간은 인간의 그 어떤 '사랑' 이야기나 절실한 '관계'에도 불구하고 무심하게 흘러간다는 것이다. 『해 뜨기 전에』가 "시대를 초월한 최고의 연애 영화"가 될 수 있는 것은 바로 이 극단적인 차이에서 생겨난다. 또한 두 사람이 헤어지기 직전 긴박하게 다시 만나자는 약속을 나누지만 그들이 결코 그 약속을 지킬 수 없으리라는 관객들의 믿음 역시 이 차이에서 생겨난다. 즉, 그들이 보낸 하루 동안의 여정은 그들이 다시 돌아가고 관객들이 존재하는 현실의 시간과는 다른 차원의 것임을 극단적으로 보여주는 것이다. 그리고 그 차이에서 우리는 시간을 이기는 영원한 것들이 어떻게 존재할 수 있는가에 대한 사유를 시작하게 되는 것이다. 오든은 "삶은 축복을 남긴다 / 비록 그대가 축복할 수 없을지라도," "그대는 삐뚤어진 이웃을 사랑해야한다 / 삐뚤어진 그대 마음과 함께"라며 있는 그대로의 삶을 받아들이라고 노래하지만, 『해뜨기 전에』는 그 삶에 비록 언뜻 언뜻 존재하지만 "축복"과 "사랑"을 극대화하여 보여준다. 제시는 그 '축복받은 사랑'을 "생활이 옛날만큼 재미있지 않은" "10년, 20년 후"에 돌이켜 보면 활력을 주는 "일상의 시"(the poetry of day-to-day life)로 본다. 제시는 한 걸음 더 나아가 "이 세상에 신이 있다면, 그 신은 너나 나, 우리 안에 존재하는 게 아니라, 우리 사이에 존재한다고 믿어"(I believe if there's any kind of God, it wouldn't be in any of us, not you or me but just this little space in between)라며, 그 축복받은 사랑은 늘 우리 주변에 편재해 왔음을 일깨워 준다. 즉, 시간을 이겨내는 사랑이 축복이 아니라, 시간 속에 존재하는 사랑을 소중히 여기는 것이 축복이라는 것이다.

『홀랜드 교향곡』(*Mr. Holland's Opus*)과 존 머크레이(John McCrae)의 「플랑드르 들판에서」("In Flanders Fields")

『홀랜드 교향곡』(*Mr. Holland's Opus* 1995)

- 감독: 스티븐 헤렉(Stephen Herek)
- 출연: 리차드 드레이퓨스(Richard Dreyfuss) … 글렌 홀랜드(Glenn Holland)
  글렌 헤들리(Glenne Headly) …………… 아이리스 홀랜드(Iris Holland)
  니콜라스 레너(Nicholas John Renner) ………… 어린시절의 "콜"("Cole" Holland, age 6)
  죠셉 앤더슨(Joseph Anderson) ………… 청소년기의 콜(Cole, age 15)
  안토니 내테일(Anthony Natale) ………… 청년기의 콜(Cole, age 28)

제이 토마스(Jay Thomas) ··· 빌 마이스터(Bill Meister)
올림피아 듀카키스(Olympia Dukakis) ··· 제이콥스 교장(Principal Jacobs)
윌리암 메이시(William H. Macy) ··· 월터스 교감(Vice Principal Wolters)
앨리시아 위트(Alicia Witt) ··· 학생 거트루드 랭(Gertrude Lang, young)
조안나 글리슨(Joanna Gleason) ··· 주지사 거트루드 랭(Gertrude Lang, adult)
테렌스 하워드(Terrence Howard) ··· 루이스 러스(Louis Russ)

스티븐 헤렉이 감독하고 패트릭 던칸(Patrick Sheane Duncan)이 대본을 쓴『홀랜드 교향곡』[17]은 1995년에 발표된 작품으로 국내에는 1996년에 개봉되었다. 학생과의 교감을 중시하는 선생님의 이야기를 다루고 있다는 점에서 이 작품은 시드니 포이티어(Sidney Poitier)가 주연한『언제나 마음은 태양』(*To Sir, With Love* 1967)이나 로빈 윌리암스(Robin Williams) 주연의『죽은 시인의 사회』(*Dead Poets Society* 1989) 그리고 미셸 파이퍼(Michelle Pfeiffer) 주연의『위험한 아이들』(*Dangerous Minds* 1995)과 같은 계열의 작품이라 할 수 있다. 그러나 각각의 작품이 고유한 특성을 지니고 있듯이『홀랜드 교향곡』역시 선생님과 학생을 다룬 다른 작품이 지니지 못한 몇 가지 특성이 있다. 가장 큰 차이점은 여타의 작품들이 일반적으로 한 특정 시기의 특정 학급 학생들과 선생님의 관계에 초점을 모으고 있다면,『홀랜드 교향곡』은 30여 년에 걸쳐 수많은 제자들을 배출한 선생님을 중심으로 보여주고 있다는 점이다. 이러한 시간적 배경의 확장은 다른 영화, 예를 들면『언제나 마음은 태양』이나『위험한 아이들』에서의 사회 계층과 인종의 문제『죽은 시인의 사회』에서의 세대 갈등과

17) 국내에는『홀랜드 오퍼스』로 소개된 원제 "Mr. Holland's Opus"는 직역하면 "홀랜드 씨의 작품"이다. 여기서는 작품의 내용을 감안하여 "홀랜드 교향곡"으로 부른다.

입시 문제 등의 특정한 상황에서의 사제관계가 지니는 감동적이지만 이미 정해져 있는 결말을 피할 수 있는 장점이 있다. 케네디 대통령의 암살로 시작한 이 작품에는 월남전, 닉슨의 워터게이트 사건, 존 레논의 죽음 등등의 혼란스럽게 급변하는 시대의 모습들이 중간중간에 삽입된다. 이러한 사건들은 작품 속에서 또 다른 기능이 있기는 하지만 일차적으로 변함없는 홀랜드 선생님의 모습과 대조되며 시대를 초월한 가치를 지니는 훌륭한 선생님의 덕목을 강조하는 데 일조 한다. 『뉴욕 타임스』(*New York Times*)의 매슬린(Janet Maslin)이 "대단한 사상을 다루지 않음에도, 대단한 영화"(Without benefit of big thoughts, *Mr. Holland's Opus* is still a big movie)라고 평가한 것은 이 작품이 바로 이러한 보편적 가치를 긴 시선으로 처리한 점을 높이 산 결과라 할 수 있다.

『홀랜드 교향곡』이 보여주는 30여 년의 긴 장정을 『위키피디아』(*Wikipedia*)는 "흐르는 시간과 함께하는 개인적 성장이라는 신비가 이 작품의 기저에 한결같이 흐르는 주제이다"(The passage of time and the mysteries of personal growth are a constant underlying theme in this film)라고 설명하고 있다. 한편 레비(Emanuel Levy)는 좀 더 구체적으로, "『홀랜드 교향곡』이 우리에게 전달하고자 하는 메시지는 화해이다. 이 화해를 통하여 인생은 늘 계획대로 이루어지는 것은 아니지만 열린 마음과 가슴으로 다가선다면 경이로운 것임을 깨닫게 된다"(The message of *Mr. Holland's Opus* is reconciliatory, urging viewers to accept the fact that life doesn't always turn out as planned but can hold surprises when approached with an open mind and heart)고 부언하고 있다. 그러나 이러한 평가들은 이 작품을 홀랜드의 개인적 측면으로만 국한시키는 경향이 있다. 즉, 자신의 꿈인 음악 작곡을 위해 임시로 택한 음악교사라는 직업이 그의 평생의 과업이 되었으며, 말을 듣지 못하는 아들 콜을 둘러싼 갈등과 해소를 이 작품의 주된 이야기로 보고 있다는 것이다.『홀랜드 교향곡』을 좀 더 포괄적으로 접근하고 이해하기 위해서는 이 작품 전체를 관통하는 하나의 커다란 줄기를 파악하는 것이 중요하다. 이 점은 자신의 재능을 탓하며 악기 연주를 포기하려는 거트루드에게 주는 홀랜드의 조언에 잘 담겨 있다.

> 음악을 연주한다는 것은 즐거워야만 해, 음악은 마음이고, 감정이고, 감동시키는 주는 것이지, 악보에 그려진 음표가 음악은 아니란다.
>
> Playing music is supposed to be fun. It's about heart, it's about feelings, moving people, and something beautiful, and it's not about notes on a page.

홀랜드의 조언에는 그 자신의 음악관이 담겨 있다. 그의 음악관에는 우리가 흔히 동일시하는 '악보'와 '음악'에 대한 그 자신의 철학을 포함하고 있다. 엄밀히 보면, 그가 학교에서 다른 교사들 특히 "30년 동안이나 그를 쫓아낼 구실을 찾고 있는" 월터스 교감과 갈등을 보이는 것은 바로 이 악보와 음악에 대한 견해차이라 할 수 있다. "내게 모차르트와 읽기와 쓰기 그리고 수학 셈법 중에서 고르라면 난 수학 셈법을 고르겠네"(And if I'm forced to choose between Mozart and reading and writing and long division, I choose long division) 라는 월터스의 언급에서 잘 드러나는 것처럼, 그는 악보 혹은 교재, 교과과정 나아가서는 사회적 규칙의 준수를 강조한다. 반면에, "규율을 깬다는 것으로 보자면, (교과서에 나와 있는) 스트라빈스키가 러시아 혁명을 대표하는 음악가지요!"(Stravinsky was the music of the Russian Revolution! Talk about a breakdown in discipline!)라는 홀랜드는 모두에게 동일하게

부여되는 획일적 악보를 거부하고 개별적인 해석을 더 중시한다. 이 점은 교과과정에 없는 록앤롤(Rock'n'roll)을 수업에 도입하여 학교 전체를 놀라게 한다는 점으로 잘 드러난다. 그러나 악보가 아닌 음악을 강조하는 그의 철학이 교사의 직분으로 처음으로 그리고 성공적으로 드러나는 부분은 거트루드에게 악보를 무시하고 그녀가 가장 좋아하는 자신의 머리 색깔을 연상하며 "눈을 감고, 저녁놀을 연주하시게"(Play the sunset. Close your eyes)라는 조언이다. 이처럼 '악보와 음악'에 대한 홀랜드의 견해는 '규율과 자율' 혹은 '이성과 감성' 등으로 확대 해석이 가능하며 동시에 세상을 보는 그의 철학이 담겨 있다.

『홀랜드 교향곡』에서 교사 홀랜드의 철학을 엿볼 수 있는 두 번째 학생은 루이스 러스이다. 운동만을 좋아하는 그에게 학교가 제공하는 모든 교재들과 교과과정은 그 어떤 "지표"(compass)를 제공하지 못한다. 학교는 그를 낙오자로 낙인찍지만 홀랜드의 관점에서 그는 이해할 수 없는 도표와 활자 속에서 좌표를 잃은 학생인 것이다. 홀랜드가 러스에게 리듬감, 보다 포괄적으로는 학교라는 커다란 합주의 흐름에 적응할 수 있는 리듬감을 찾아 주는 것은, 그가

이해할 수 없는 악보를 강요하는 것이 아니라 그가 익숙한 몸에 밴 삶의 리듬을 끄집어내도록 하는 것이다. 러스는 졸업 후 사회와 국가를 지키는 훌륭한 군인이 된다. 러스에 대한 홀랜드의 경험은 러스와는 달리 똑똑한 학생인 스테들러(Stadler)와의 관계에도 그대로 적용된다. 엄밀히 보자면 그와 그의 수업방식을 싫어하는 스테들러와의 갈등은 교재와 규칙을 강조하는 교감 월터스와의 갈등과 마찬가지의 모습이다. 홀랜드는 스테들러를 학교 밖 즉, 교재 밖의 세계로 데리고 간다. 그 곳이 바로 전쟁 중에 사망한 러스의 장례식장이다. 바로 이 러스의 죽음을 추모하는 자리에서 존 머크레이(John McCrae: 1872 - 1918)의 「플랑드르 들판에서」("In Flanders Fields")가 낭송된다.

플랑드르 들판에 양귀비꽃 피었네,
　우리가 누운 곳을 알려주는,
　줄줄이 서있는 십자가들 사이에, 하늘에는
　종달새 여전히 힘차게 노래하며 날아오르건만
저 아래 요란한 총소리에 그 노래 들리지 않네.

우리는 이제 죽은 자들. 며칠 전에는
살아 새벽을 느꼈고 타는 노을을 보았네,
　사랑하고 사랑받기도 하였건만, 지금 우리는 누워있네
　　플랑드르 들판에.
우리들의 싸움 이어 주시게,
힘이 빠져가는 내 손으로 그대 향해 던지는
　이 횃불, 그대 붙잡고 높이 들게나.
　전사한 우리와의 신의를 그대 저 버린다면
우리는 영영 잠들지 못 하리, 비록 양귀비꽃 자란다 하여도
　　플랑드르 들판에.

In Flanders fields the poppies blow
    Between the crosses, row on row,
    That mark our place; and in the sky
    The larks, still bravely singing, fly
Scarce heard amid the guns below.

We are the dead. Short days ago
We lived, felt dawn, saw sunset glow,
    Loved, and were loved, and now we lie
        In Flanders fields.

Take up our quarrel with the foe:
To you from failing hands we throw
    The torch; be yours to hold it high.
    If ye break faith with us who die
We shall not sleep, though poppies grow
        In Flanders fields.

캐나다 출신의 시인이자 의사였던 머크레이는 제 1차 세계대전에 중령으로 참전한 바 있다. 이 시는 벨기에 플랑드르의 지역의 이퍼(Ypres) 전투에서 사망한 그의 친구 알렉시스 헬머(Alexis Helmer: 1892 - 1915)를 기리기 위하여 쓴 시로 알려져 있다. 이 후 이 시는 "현충일"(Memorial Day)에 전몰장병들을 기리는 대표적인 시가 되었으며, 시에 등장하는 "양귀비꽃"은 전몰장병을 기리는 상징적 꽃으로 통용되고 있다. 이 한 편의 시가 지니는 상징적인 의미들로 인하여 머크레이는 유명하게 되었으나, 시인으로서 머크레이의 문학사적 위치는 미미한 편이다. 이 시 역시 전쟁의 잔혹함과 비인간성 그리고 기나긴 전쟁으로 인한 피로도와 환멸이 생기기 전인 전쟁

초기의 시로써, 국가에 대한 충성과 민족을 수호한다는 낭만적 대의명분을 노래하고 있다. 이 점은 세계 제2차 대전 말기의 독일군의 런던 공습을 그린 에디쓰 싯웰(Edith Sitwell: 1887-1964)의 「여전히 비가 내린다」("Still falls the Rain")의 도입부인 "여전히 비가 내린다 / 인간의 세상만큼 어둡고, 우리의 상실만큼 검은, / 십자가에 박힌 / 일천구백 사십 개의 못처럼 맹목적인 (비가 내린다)"(Still falls the Rain— / Dark as the world of man, black as our loss— / Blind as the nineteen hundred and forty nails / Upon the Cross)라는 구절과 비교하면 충분히 이해될 수 있다. 역사학자인 퍼슬(Paul Fussell)은 머크레이의 이 시를 "신병모집을 위한 국방부 포스터 문건"(recruiting-poster rhetoric)이라고 비평한 바 있다. 문학계의 이러한 냉정한 평가는 이 시가 지나친 '감상주의'(sentimentalism)에 빠져 있기 때문이다. 그러나 이 시가 일반 대중에게 꾸준히 애송되는 것은 이 감상이 감동으로 다가오기 때문이다. 이 감상적 감동은 오늘날의 세상이 대규모의 전쟁에서 멀어져 있기에 생기는 향수에서 비롯된 것이기도 하지만, 시의 주제가 인간이 지닌 가장 보편적인 미덕을 효과적으로 노래하기 때문이다. 시 속에서 병사들이 자신들의 목숨과 바꾼 것은 "횃불"처럼 타오르는 "신의"(faith)이다. 이 신의는 특히 서양에서 먼 옛날 군주와 국가에 대한 충성을 강조하는 기사도의 시절 이후로 최고의 미덕으로 여겨지는 것이다. 시를 지배하는 색깔인 "횃불"과 "양귀비"의 '붉은 색'은 그들이 지닌 결연한 "신의"의 '붉은 색'으로 이어진다. 죽은 자들이 묻힌 대지에서 피어난 "양귀비 꽃"은 "신의"를 위해 목숨을 바친 자들, 특히 그들 영혼의 화신(化身)이며 그 화신이 "횃불"처럼 살아남은 자들에게 이어지기를 기원하는 것이다. 이처럼 이 시는 붉은 색을 통하여 죽은 병사들의 대의명분을 노래하고 있다. 이 과정이 학자들의 평가로는 다분히 감상적인 선동으로, 일반 대중에게는 효과적인 감동으로 비추어지는 것이다.

『홀랜드 교향곡』에서 머크레이의 시는 단순히 장례식에서 관습적으로 낭송되는 시로써 등장하고 있을 뿐이다. 따라서 시의 내용과 영화와의 직접적인 연관성은 그다지 많지 않다. 그러나 조금 강제적인 면을 감수하고, 시에 대한 문학계의 반응과 일반 대중의 반응과의 차이점을 통하여 영화의 전체적인 흐름을 접근하면 영화를 이해하는 데 도움이 된다. 즉, 시에 대한 문학계와 일반 대중의 접근 차이가 영화에서는 교재 즉 이성을 강조하는 스테들러와 주변인들과의 교감을 강조하는 홀랜드와의 갈등으로 전개되고 있다는 것이다. 홀랜드는 자신의 도움을 통하여 교재나 학교가 부과하는 압박에서 벗어나 스스로의 가치를 깨달은 러스를 통하여 스테들러가 참된 가치를 깨닫기를 바란다. 즉, 시를 통하여 모두의 가슴 속에서 다시 살아나는 러스는 스테들러와 홀랜드의 갈등을 해소하는 촉매의 역할을 담당하며 결과적으로는 교재 속이 아닌 '마음 속의 영원한 악보'가 된다는 것이다.

『홀랜드 교향곡』이 전체적인 구성에서 관객들에게 다소 혼란을 주는 부분은 아들 "콜"을 둘러 싼 갈등이다. "왜 다른 사람의 아이들이 당신의 아들보다 더 중요하죠?"(Why is everyone else's child more important than yours?)라는 아이리스의 원망에서 잘 드러나는 것처럼, 학생들에게 향한 그의 철학과 가치관이 자신의 아들에게는 적용되지 않기 때문이다. 그러나 면밀히 보자면, 그가 아들 "콜"과 보이는 갈등 역시 여타의 인물들과 보이는 '악보와 음악'에 대한 갈등의 연장선상에 있다. 말을 듣지 못하는 "콜"에게 세상과의 소통은 수화 즉, 홀랜드의 입장에서 보자면 악보를 통해서만 가능하다. 그가 수화 배우기를 완강히 거절하는 것은, 자신의 아들을 정상인으로 보려는 부성애에서 나온 것이지만, 아들과의 교감을 그가 학생들과 나누던 마음으로 할 수 없다는 절망감이 작용하기 때문으로도 볼 수 있다. 스테들러와 홀랜드의 갈등에 러스의 죽음이 촉매의 역할을 하는 것처럼, 이들의 갈등을 해소하는 촉매의 역할은 존 레논의 죽음이다. 존 레논의 죽음을 둘러싼 두 부자의 대화는 그들이 수화라는 악보의 한계를 넘어선 최초의 교감을 제공한다.

> 아버지는 내가 아버지가 하는 일이 무언지, 아버지가 좋아하는 것이 무엇인지 모른다고 생각하시지요? 당신은 내 아버지예요. 나도 (아버지가 하시고 좋아하는) 음악이 무엇인지 알아요. 제가 음악을 더 잘 알 수 있도록 도와주실 수 있었겠지만, 그러지 않으셨죠. 아버진 아들보다 학생이 우선이시니까요.
>
> You think I don't care about what it is you do or what you love? You're my father. I know what music is. You could help me to know it better, but - no. You care more about teaching other people than you do about me.

둘은 이 논쟁 이후 서로의 애정을 확인한다. 자신도 음악이 무엇인지 안다는 콜의 말에 홀랜드가 기뻐하는 것은 콜이 자신의 음악을 듣지 못하기에 악보가 아닌 음악을 가르칠 수 없다는 데서 생겨난 홀랜드의 좌절감이 얼마나 큰 것이었는가를 반증하는 것이다. 이들 부자의 교감은 "두려워 말거라, 괴물은 가고 없고, 아버지가 네 곁에 있으니"(Have no fear. The monster's gone. He's on the run and your daddy's here)라는 존 레논이 만든 노래 「콜에게」("To Cole")를 부르는 것으로 잘 드러난다. 또한 그가 수업시간에 듣지 못하는 음악가 베토벤에 대한 이야기를 학생들에게 들려주는 것은 아들 "콜"과의 교감이 그의 가슴 깊은 곳에 자리 잡고 있음을 확인해 주는 대목이다.

부교감이던 월터가 교감으로 승진하는 것은 시대가 홀랜드의 가치관에서 멀어진다는 것을 의미한다. 음악과목이 폐지되어 그가 학교를 떠나는 날 홀랜드는 그가 30여 년을 싸워 온 "들판에" 피어 난 많은 "양귀비꽃들"을 보게 된다. 양귀비꽃 중의 한 송이인 거트루드의 고별사는 머크레이의 「플랑드르 들판에서」처럼 감상적이지만 또한 감동적이다.

> 홀랜드 선생님은 제 인생 뿐 아니라 여러 사람의 인생에 깊은 영향을 끼치셨습니다. 그러나 선생님 스스로는 자신의 인생 대부분을 헛되이 보냈다고 생각하시는 건 아닌지요. 선생님은 교향곡 작곡에 열중한다는 소문이 끊이지 않았으니까요. 아마도 그 교향곡은 선생님에게 부와 명성 모두를 가져다 줄 수 있었겠지요. 그러나 홀랜드 선생님은 유명하지도, 부유하지도 않습니다. 적어도 이 작은 마을 밖에서는 말이죠. 따라서 선생님 스스로는 자신의 인생을 실패라고 생각하시겠지요. 허나, 그것은 잘못된 생각입니다. 선생님은 부와 명성을 훨씬 뛰어넘는 성공을 거두었기 때문입니다. 선생님, 주변을 둘러보세요. 이 강당 안에 선생님의 손길이 미치지 않은 인생은 없습니다. 우리 모두가 보다 나은 사람이 된 것은 오롯이 선생님 덕분입니다. 우리 모두가 선생님의 교향곡입니다. 우리 모두가 선생님 작품속의 음표와 멜로디입니다. 그리고 우리 모두가 선생님 인생이 빚어내신 음악입니다.
>
> Mr. Holland had a profound influence on my life and on a lot of lives I know. But I have a feeling that he considers a great part of his own life misspent. Rumor had it he was always working on this symphony of his. And this was going to make him famous, rich, probably both. But Mr. Holland isn't rich and he isn't famous, at least not outside of our little town. So it might be easy for him to think himself a failure.

But he would be wrong, because I think that he's achieved a success far beyond riches and fame. Look around you. There is not a life in this room that you have not touched, and each of us is a better person because of you. We are your symphony Mr. Holland. We are the melodies and the notes of your opus. We are the music of your life.

음악을 사랑한 홀랜드가 없는 세상은 "종달새 여전히 힘차게 노래하며 날아오르건만, 저 아래 요란한 총소리에 그 노래 들리지" 않는 세상일 수 도 있다. 그러나 세상에서 밀려나는 홀랜드의 "힘이 빠져가는 내 손으로 그대 향해 던지는 이 횃불"은 그의 가르침을 받은 많은 학생들이 "붙잡고 높이" 치켜 올리고 이어 갈 것이다. 홀랜드의 삶에 의하면 사람과 사람의 마음을 잇는, 또한 머크레이에 의하면 세대와 세대를 잇는, 마음의 교감은 "신의"이기 때문이다.

『처음 만나는 자유』(*Girl, Interrupted*)와 도로시 파커(Dorothy Parker)의 「다시 시작하라」("Résumé")

『처음 만나는 자유』(*Girl, Interrupted* 1999)

- 감독: 제임스 맨골드(James Mangold)
- 출연: 위노나 라이더(Winona Ryder) ········· 수잔나(Susanna Kaysen)
  안젤리나 졸리(Angelina Jolie) ········· 리사(Lisa Rowe)
  역클리어 듀발(Clea DuVall) ············ 조지나(Georgina Tuskin)
  브리트니 머피(Brittany Murphy) ······ 데이지(Daisy Randone)
  엘리자베스 모스(Elisabeth Moss) ··· 폴리(Polly Clark)
  우피 골드버그(Whoopi Goldberg) ··· 발레리(Valerie Owens)

한국에서 『처음 만나는 자유』로 소개된 이 영화의 원제 "*Girl, Interrupted*"는 직역하자면, 세상과의 소통이 "단절된 소녀" 혹은 자신만의 세계에 빠져 정신 병원에 "갇힌 소녀" 정도로 옮길 수 있다. 영화는 1993년 발표된 바 있는 수잔나 케이슨(Susanna Kaysen: 1948-)의 동명의 자전적 소설을 토대로 하고 있다. 1960년대와 정신 병원을 배경으로 하고 있다는 점에서 이 작품은 미국의 소설가 켄 키지(Ken Kesey: 1935 - 2001)가 1962년에 발표한 『뻐꾸기 둥지 위로 날아간 새』(*One Flew over the Cuckoo's Nest*)와 여러 가지 면에서 매우 흡사하다. 키지의 작품이 개인을 억압하고 통제하는 사회와 그 사회에 대항하는 개인과의 갈등을 정신 병원을 배경으로 그려내고 있다면, 케이슨의 작품은 사춘기의 소녀가 겪는 성장통을 정신 병원을 배경으로 그려내고 있다는 표면적인 차이를 보인다. 그러나 『뻐꾸기 둥지 위로 날아간 새』에서 주인공 맥머피(McMurphy)가 보이는 획일성을 폭력적으로 강요하는 사회에 대한 거친 반발은 수잔나의 그것과도 닮아 있다. 다만 맥머피의 사회와의 투쟁은 그에 대한 소수의 추종자들에 의하여 계속적으로 이어지는 반면 수잔나는 이해와 배려를 통하여 사회에 수용된다는 점에서는 차이를 보인다.

수잔나가 정신 병원에 들어가게 된 직접적인 원인은 미수로 그친 자살 시도이지만, 사회는 그녀에게 제도적으로 낙인을 찍고 격리한다. 그녀의 낙인은 "경계성 인격 장애"(Borderline Personality Disorder)이다. 그러나 그 질병의 증세는 다소 모호하다.

> 자아, 관계 및 분위기에 대한 불안정성.
> 불확실한 목표.
> 자학적인 행위에 대한 집착, 예를 들면 우발적인 성행위.
> 사회적 반감과 일반적으로 회의적 태도가 자주 관찰됨.

An instability of self-image, relationships and mood.
Uncertainty about goals.
Impulsive in activities that are self-damaging, such as casual sex.
Social contrariness and a generally pessimistic attitude are often observed.

수잔나의 경우 다소 극단적인 경우에 속하는 것은 사실이지만, 이러한 증세는 우리 모두 특히 사춘기 세대에는 어느 정도 지니고 있는 증상인 것이다. 이 점은 수잔나의 진찰일지에서 이러한 증상을 전해들은 리사가 "우리 모두 다 그래"(That's everybody)라고 반응한다는 점에서도 잘 드러난다. 그러나 사회는 장애와 비장애 즉, 정상과 비정상의 경계가 지니는 모호함에도 불구하고, 다루기 힘든 반사회적 또는 비사회적 인물들에게 손쉽게 장애 진단을 내리고 격리 시킨다. 의사의 권유에 수잔나의 부모마저도 그녀를 정신 병원에 보내는 것을 동의한다는 것은, 부모를 포함한 그녀의 주변이 그녀를 다루기 힘든 반항적 인물로 여기고 있다는 것을 의미한다.

면밀히 보면 이 작품에는 하나의 커다란 반전이 도사리고 있다. 반사회적 인물로 낙인찍힌 수잔나를 유순한 순응적 인물로 만들기 위해 보낸 정신 병원에서 오히려 그녀는 사회에서 배우지 못한 인간애 가득한 따뜻한 순기능의 사회성을 배운다는 점이다. 이러한 반전은 동료들과 카드놀이를 하던 리사가 혼잣말처럼 내뱉던 도로시 파커(Dorothy Parker: 1893 - 1967)의 시「다시 시작하라」("Résumé")에도 존재한다.

면도칼은 아프고
강물은 축축하다.
산(酸)은 얼룩을 남기고
약은 경련을 일으킨다.
총기는 불법이고,

올가미는 풀리며,
가스는 냄새가 지독하다.
차라리 사는 게 낫다.

Razors pain you;
Rivers are damp;
Acids stain you;
And drugs cause cramp.
Guns aren't lawful;
Nooses give;
Gas smells awful;
You might as well live.

1967년 심장마비로 사망한 파커는 생전에 4번의 자살 시도를 한 바 있다. 이 시는 1923년 파커가 첫 번째 자살 시도를 한 후에 쓴 시이다. 이 시의 마지막 행인 "차라리 사는 게 낫다"는 미수로 그친 자살 시도 후 그녀의 친구가 그녀에게 실제로 해준 말로 알려져 있다. 이 시의 힘은 죽음이 지닌 공포와 삶이 지닌 진지함을 동시에 일상적이고 가벼운 것으로 희화(戱畵)한다는 점에서 온다. 이러한 삶과 죽음의 회화는 인간이 지닌 삶과 죽음에 대한 기존의 인식과 긴장을 빚어내고, 이 긴장은 우리들에게 죽음과 삶에 대하여 다시 한 번 사유할 수 있는 기회를 제공한다. 이 시를 통한 사유가 빚어내는 중요한 인식 중의 하나는 죽음에 대한 지나친 공포와 삶에 대한 지나친 진지함이 오히려 삶을 위축시킬 수도 있다는 것이다. 시의 핵심적 행인 "차라리 사는 게 낫다"에서 'might as well'은 강요나 명령이 아닌 가벼운 권유에 해당하는 조동사이다. "삶"에 대한 이 가벼운 권유는 죽음의 문전에서 다시 삶으로 돌아온 사람의 처절한 경험에서 나온 것이기에 강압이나 훈계보다도 훨씬 더 큰 힘을 지닌다. 또한 이 시가 보이는 삶 그 자체에 대한 애정은 시의 제목

"Résumé"가 지닌 이중적 의미(pun)를 통해서 잘 드러난다. 이 시의 제목은 맥락을 따라 흔히 "다시 시작하라"는 동사로 해석되지만, 동사의 경우 'resume'으로 표기하는 것이 옳다. "résumé"인 경우에는 명사로 불어(佛語)의 "적요, 요약" 등의 의미에서 파생한 "이력서"의 의미를 지닌다. 따라서 이 시의 1행에서 7행까지는 지원자의 경력 란에 해당하며, 마지막 8행은 그 경력을 토대로 작성된 장래의 포부에 해당한다고 할 수 있다. 이 지원자는 소소한 것들이지만 삶의 모든 것들 속에 존재하는 죽음의 그림자를 수용한 후에야 삶이라는 일생의 직업에 재취업하기 위해 이력서를 내고 있다. 마지막 행의 "차라리 사는 게 낫다"는 언급에서 심오한 결단이 느껴지지 않는 것은 취업의 성패에 지원자가 그다지 관심이 없다는 것을 의미한다. 이는 결정자가 취업을 시켜주던 그렇지 않던 간에 이 삶의 지원자는 이미 열심히 사는 것에 몰입하고 있음을 보여 준다. 또한 이 행에서 "당신"(You)이라는 일반인 주어의 불특정성은 이 이력서의 주인이 우리 모두가 될 수 있음을 의미하기도 한다.

수잔나는 자신의 일기 속에 "네가 사는 곳이 너의 집이다"(If you lived here, you'd be home now)라는 구절을 기록해 둔다. 이는 그녀가 머무는 정신 병원이 그녀의 정신적 집이 될 것임을 암시한다. 실제로 정신병원은 인간의 현실 속에서 억누르거나 혹은 감추고 있는 죽음을 포함한 불쾌한 진실들이 적나라하게 드러나고 있다. 수잔나는 이러한 진실들을 아무런 가감없이 있는 그대로 직면한다. 바로 이 경험을 통하여 수잔나는 그녀가 거부해 온 사회의 이면에 도사리고 있는 어두운 것들의 정체를 알게 되고 성숙하게 되는 것이다. 이 작품을 통하여 수잔나 케이슨이 우리에게 전달하고자 하는 성장통의 결과는 휴식시간 텔레비전에서 들려오는『오즈의 마법사』(*The Wizard of Oz*)에서의 도로시(Dorothy)의 대사에도 잘 드러난다.

만일 내가 원하는 바를 다시 찾는 일이 생긴다면, 결코 울타리 밖에서 찾아 헤매지는 않겠어. 왜냐면 밖에선 찾을 수 없을 테니까, 처음부터 나는 그걸 잃어버린 게 아니었어.

. . . if I ever go looking for my heart's desire again, I won't look any further than my own back yard. Because if it isn't there, I never really lost it to begin with.

우리는 우리가 직면하는 모든 문제들에 대한 해답을 갈망한다. 그러다가 지혜로운 조언을 통해서 혹은 경험을 통하여 그 답을 얻기도 한다. 그러나 이러한 외부적 도움들은 자신의 내면에 이미 존재하던 해결책에 대한 자극 이상은 아니다. 찬찬히 스스로를 곱씹어본다면 나와 그리고 나를 둘러 싼 세상의 모든 일들의 주체는 '나'이며 바로 그 나를 통하여 세상과의 모든 '관계'가 형성되는 것이다. 수잔나의 "내가 정말 미쳤던 것일까? 어쩌면. . . 아니면 삶 자체가 미쳤을지도 모른다"(Was I ever crazy? Maybe. . . Or maybe life is)라는 독백에서 이미 "미쳤다"라는 단어가 지니는 부정적인 측면의 의미는 없다. 세상 혹은 나를 미치게 만드는 것의 원인과 실체를 수잔나는 이미 깨닫고 있기 때문이다. 세상과 나 모두가 '정상'과 '비정상' '미침'과 '제정신' 모두를 지니고 있다는 깨달음은 성인이 되는 아픈 과정의 산물이다.

『브리짓 존스의 일기』(*Bridget Jones's Diary*)와 키츠(John Keats)의 「가을에게」("To Autumn")

『브리짓 존스의 일기』(*Bridget Jones's Diary* 2001)

• 감독: 샤론 맥과이어(Sharon Maguire)
• 출연: 르네 젤위거(Renee Zellweger) …… 브리짓 존스(Bridget Jones)
콜린 퍼스(Colin Firth) ……………… 마크 다시(Mark Darcy)
휴 그랜트(Hugh Grant) …………… 대니얼 클리버(Daniel Cleaver)

『브리짓 존스의 일기』는 영국의 소설가 헬렌 필딩(Helen Fielding: 1958 -)이 1996년에 발표한 동명의 소설을 영화화한 작품이다. '칙릿'(chick)[18]의 선구적인 작품 중의 하나로도 평가되는 이 소설은 1998년에 "올해의 책"(British Book of the Year)으로 선정된 바 있다. 필딩 자신이 여러 인터뷰에서 밝힌 바 있듯이, 이 작품은 제인 오스틴(Jane Austen)의『오만과 편견』(*Pride and Prejudice*)을 토대로 하고 있다. 두 작품의 연관성은 1995년 BBC방송국에서 제작한『오만과 편견』에서 다시(Mr. Darcy)역을 맡은 콜린 퍼스를 제작자가 의도적으로 캐스팅했다는 점으로도 드러난다. 한편『위키피디아』(*Wikipedia*)는 2005년 MBC에서 방영한 바 있는『내 이름은 김삼순』을 그 주제와 서술 형식에서『브리짓 존스의 일기』와 유사성이 있다고 지적하고 있다(*My Lovely Sam Soon*, a Korean series with some thematic and narrative similarities). 어렵지 않게 짐작할 수 있듯이, 이 세 작품의 공통점은 서로 어울릴 것 같지 않은 두 남녀가 신분 혹은 빈부의 차이를 극복하고 행복한 결말을 맺게 된다는 전형적인 '신데렐라 이야기'를 보여 준다는 점이다. 또한, 제인 오스틴의 엘리자베스를 제외하면, 브리짓 존스와 김삼순은 정감은 가지만 성격있고 '뚱뚱한' 노처녀라는 유사점도 있다. 비교적 단순한 이야기 전개와 쉽게 예측 가능한 결말을 지녔음에도, 이 작품에 대한 평가는 전체적으로 우호적이다. 영화평 전문 사이트인『라튼 토메이토스』(*Rotten Tomatoes*)는 이 작품을 "매력적인 낭만희극"(romantic comedy a lot of charm)으로 부르며 80%에 달하는 "신선 등급"(Fresh rating)을 준 바 있다. 한편 에버트(Roger

18) "칙릿"(chick-lit)은 젊은 여성을 뜻하는 'chick'과 문학(literature)의 'lit'을 합친 조어로 20, 30대 여성들을 겨냥한 대중소설을 뜻한다. 남성중심의 정통문학을 고수하는 완고한 비평가나 대중들의 시각으로는 "순정 소녀문학"정도로 해석될 수 있다. 국립국어원에서는 칙릿이 새로운 여성 문학 작품의 하나로 크게 각광받고 있다는 점을 중시하여 칙릿의 다듬은 말로 "꽃띠문학"으로 정한 바 있다.

Ebert)는 별등급 4개 만점에 3개 반을 매기며, “원작의 매력을 충분히 살린 재미있고 매력적인 영화”(a funny and charming movie that understands the charm of the original, and preserves it)로 평가하고 있다.

『브리짓 존스의 일기』에서 등장하는 시는 영국의 대표적 낭만파 시인 중의 한사람인 존 키츠(John Keats: 1795 - 1821)의 「가을에게」(“To Autumn”)이다. 존스와 클리버의 주말여행 중 호수에서 보트를 타며 존스가 시의 첫 연을 읊조린다. 그의 시 낭송에 클리버는 “이거 놀랍군. 나도 키츠를 좋아해”(F*ck me. I love Keats)라며, 다소 세속적인 반응을 하는 바람에 존스의 시 낭송은 끝이 나고 만다. 단 한 줄만이 언급된 시를 통하여 작품과의 전체적인 연관성을 언급한다는 것은 매우 주관적이고 강제적으로 보이는 것이 엄연한 사실이지만, 키츠 시의 기저에 흐르는 철학과 어조는 모든 일반적 삶의 양상에 적용될 수 있기에 무모하기만 한 시도는 아닐 것이다. 「가을에게」를 통해 드러나는 키츠의 시 세계를 이해하기 위해 시 전편을 읽는 것이 유용하다.

1

안개와 달콤하게 잘 익은 열매의 계절,
　성숙시키는 태양과 가슴을 맞대는 정다운 친구;
태양과 공모하여 초가집 처마를 감아 올라간
　포도나무에 열매를 풍성하게 달아 축복하고;
초가집의 이끼 낀 나무를 사과들로 휘어지게 하고,
　그리고 모든 과일을 속속들이 익혀 채우고;
　　조롱박을 부풀리고, 달콤한 속살로
개암 열매를 살찌우고; 더 많은 꽃들을
　벌들을 위하여 더 더욱 많은 꽃들을 피운다,
　벌들이 따스한 날이 결코 끝나지 않을 것이라 생각할 때까지,
　　여름이 끈끈한 벌집들을 넘치게 했기에.

2

가을의 곡간 가운데서 누가 그대를 자주 보지 않았는가?
　때때로 밖에서 그대를 찾은 사람이면 누구나
곡간 마루에 근심 없이 앉아 있는 그대를 발견 하리라;
　키질하는 바람에 그대의 머리칼을 부드럽게 나부끼며,
아니면 반쯤 추수한 이랑 사이에서 양귀비 향기에 취해
　깊은 잠에 빠져 있는 그대를, 그대의 낫이 잠시 쉬며
　　다음 벨 이랑과 모든 뒤얽힌 꽃들을 아끼는 동안,
그리고 때때로 이삭 줍는 사람처럼 그대는
　무겁도록 풍요로운 그대의 머리를 개울을 가로질러 숙이고;
　혹은 사과 압착기 옆에서, 참을성 있는 표정으로,
　　그대는 몇 시간이고 마지막 사과즙 방울을 지켜본다.

3

봄의 노래는 어디에 있는가? 아, 그 노래들은 어디에 있는가?
　그 노래들을 생각하지 마라, 그대 가을 또한 그대의 노래를
　가지고 있으니,
줄무늬를 한 구름들이 부드럽게 저무는 낮을 곱게 물들이고,
　그루터기만 남은 밭을 장미 빛으로 매만지는 동안에;
강 버드나무 사이에서, 구슬픈 합창으로
　조그마한 모기들이 윙윙 댄다, 일었다 죽었다하는
　　가벼운 바람결에 따라 높아졌다 낮아졌다하면서,
그리고 성숙한 양들이 개울 방죽에서 큰 소리로 울고;
　귀뚜라미는 울타리에서 운다; 그리고 지금 홍방울새가
　매끄러운 고음으로 텃밭에서 휘파람을 분다;
　　그리고 제비들 모여 하늘에서 지저귀고 있다.

1

Season of mists and mellow fruitfulness,
　Close bosom-friend of the maturing sun;

Conspiring with him how to load and bless
With fruit the vines that round the thatch-eaves run;
To bend with apples the moss'd cottage-trees,
And fill all fruit with ripeness to the core;
To swell the gourd, and plump the hazel shells
With a sweet kernel; to set budding more,
And still more, later flowers for the bees,
Until they think warm days will never cease,
For summer has o'er-brimm'd their clammy cells.

2

Who hath not seen thee oft amid thy store?
Sometimes whoever seeks aborad may find
Thee sitting careless on a granary floor,
Thy hair soft-lifted by the winnowing wind;
Or on a half-reap'd furrow sound asleep
Drows'd with the fume of poppies, while thy hook
Spares the next swath and all its twined flowers:
And sometimes like a gleaner thou dost keep
Steady thy laden head across a brook;
Or by a cyder-press, with patient look,
Thou watchest the last oozing hours by hours.

3

Where are the songs of spring! Ay, where they?
Think not of them, thou hast thy music too, -
While barred clouds bloom the soft-dying day,
And touch the stubble-plains with rosy hue;
Then in a wailful choir the small gnats mourn
Among the river sallows, borne aloft

Or sinking as the light wind lives or dies;
And full-grown lambs loud bleat from hilly bourn;
Hedge-crickets sing; and now with treble soft
The red-brest whistles from a garden-croft;
And gathering swallows twitter in the skies.

이 시를 쓰고 난 후에 키츠는 자신의 친구이자 시인인 레이놀드(John Hamilton Reynolds: 1794 - 1852)에게 "지금 얼마나 아름다운 계절인가, 온화하면서도 예민한, 얼마나 멋진 날인가. 그야말로 순결한 기후요, 여신의 하늘 아닌가. 그루터기만 남은 밭이 이렇게 멋져 보인 적이 없었네. 봄의 으스스한 푸르름보다 더 낫지 않은가. 그루터기만 남은 들판이, 마치 포근한 풍경화처럼, 따뜻하게 보이네. 일요일 산책길에 느꼈던 이 감흥이 너무 커서 시를 한편 썼네"(How beautiful the season is now - How fine the air. A temperate sharpness about it. Really, without joking, chaste weather - Dian skies - I never lik'd stubble fields so much as now - Aye better than the chilly green of the spring. Somehow a stubble plain looks warm - in the same way that some pictures look warm - this struck me so much in my Sunday's walk that I composed upon it)라고 편지를 쓴 바 있다. 그의 이 편지에는 키츠의 시 저변에 흐르는 소위 "포괄적 수용력"(Negative Capability)[19]에 대한 단초를 제공하고 있다. "포괄적 수용력"은 키츠가 최초로 사용한 용어로, 지적인 혹은 사회적 제약을 초월할 수 있는 창조적인 능력을 말한다. 키츠는 이러한 능력은 "인간이 초조하게 사실과 이성을 추구하여 하지 않고, 신비, 의심 불확실한 상태에 머물 수 있을

19) "Negative Capability"는 "부정적 능력" 혹은 "소극적 수용력" 등으로 해석되고 쓰여 지나, 여기서는 그 의미에 가장 가깝다고 여겨지는 "포괄적 수용력"으로 사용하기로 한다.

때”(When man is capable of being in uncertainties, Mysteries, doubts, without any irritable reaching after fact & reason) 비로소 달성될 수 있다고 주장한다. 즉, 세상에 존재하는 모든 모순과 그로인해 발생하는 갈등을 인간이 이성을 통하여 해소하려하지 않고 있는 그대로 받아들일 때, 초월적 창의력이 나온다는 것이다.

키츠는 1819년에 흔히 “키츠의 1819년 송가들”(Keats's 1819 odes)로 알려진 「프시케 송가」(“Ode to Psyche”)에서 시작하여 「가을에」에 이르는 6편의 송가들을 쓴 바 있다. 그의 가장 대표적인 서정시들로 알려진 이 송가들은 그의 작가 이력에도 중요한 의미를 지닌다. 많은 비평가들은 이 송가들을 통하여 키츠는 새로운 형태의 시 쓰기를 시도하고 있다고 본다. 그리고 그 시도는 매우 성공적인 것으로, 베이트(Walter Jackson Bate)는 이들 송가를 통하여 키츠가 “영국 서정시의 새로운 분위기”(a new tone for the English lyric)를 만들어 냈다고 주장한다. 그의 변화를 “포괄적 수용력”에 근거한 주제적인 측면으로 개략하자면 현실의 적극적인 수용이다. 이 점은 이 시를 포함한 6편의 송가 속에서도 극적으로 드러난다. 순수한 인간 영혼의 아름다움을 노래한 「프시케 송가」와 마찬가지로 「나이팅게일 송가」(“Ode to a Nightingale”)의 화자는 새의 초월적 세계를 동경하고 그와 동일시한다. 한편, “들리는 음악은 아름다우나, 들리지 않는 음악은 / 더욱 아름답네”(Heard melodies are sweet, but those unheard / Are sweeter)와 “미는 진리, 진리는 미”(Beauty is truth, truth beauty)라는 구절로 유명한 「그리스 항아리 송가」(“Ode on a Grecian Urn”)의 화자 역시 시공을 초월한 항아리의 예술적 세계를 찬미하고 동경한다. 이러한 어조는 대립하는 삶의 모순적 긴장관계를 그린 「우울의 송가」(“Ode on Melancholy”)에서부터 영혼, 이상, 순수예술의 세계에서 점차적으로 벗어나 인간 현실이 보다 직접적으로 제시된다. 「나태의 송가」("Ode on Indolence")에서 시인은 자신이 경험했던 "사랑"(Love), "야망,"(Ambition) "시"(Poesy)의 세 형상에 작별을 고한다. 그가 작별은 고한 이유는 세 형상들 덕분에 "오랜 동안 근심에서 멀어져 / 달이 차고 이우는 것도 알지 못하고 / 바쁜 세상의 이야기도 듣지 못 했구나!"(O, for an age so shelter'd from annoy, / That I may never know how change the moons, / Or hear the voice of busy common-sense!)는 깨달음 때문이다. 따라서 마지막 송가인 "가을에게"는 현실의 모습이 보다 적극적으로 표면화되어 드러난다.

「가을에게」에서 현실을 있는 그대로 수용하려는 키츠의 의도는 먼저, 시인 화자가 등장하지 않는다는 점이다. 이러한 객관성을 확보하려는 노력은 3연 총 33행의 시 전편에 그 어떤 추상적인 단어도 등장하지 않는다는 사실로도 드러난다. 따라서 이 시는 2연의 가을 추수기를 중심으로 1연의 늦여름에서 3연의 늦가을까지의 전원 풍경을 노래한 순수 풍경시이다. 상상력이 배제된 자연 풍광을 있는 그대로 묘사하기 위하여 시인은 시각은 물론 후각, 미각, 청각 등의 인간의 모든 감각을 최대한으로 활용한다. 그가 「나태의 송가」에서 갈망하던 "달이 차고 이우는" "바쁜 세상의 이야기"를 보다 충실하게 전달하려는 것이다. 이 시를 즐기기 위해 독자들이 해야 할 것은 시에서 노래하는 오감을 자극하는 가을 풍광을 느껴지는 대로 받아들이기만 하면 된다. 해롤드 블룸(Harold Bloom)은 이 시를 "키츠의 송가들 중에서 가장 창의력이 뛰어나고 아름다우며, 짧은 영시 중에서 가장 완벽에 가까운 시"(one of the subtlest and most beautiful of all Keats's odes, and as close to perfect as any shorter poem in the English Language)라고 극찬한 바 있다. 이 시의 창의력을 돋보이게 만드는 "포괄적 수용력"이 표면적으로 드러나는 연은 마지막 3연이다. 키츠는 시인들에게나 인간들에게 만물의 생동과 결부되어 사랑받아 오던 봄의 노래를 한 해의 저묾과 인생의 황혼기로 인식되어 오던 '가을의 노래'와 동일한 것으로 인식한다. 또한 "조그마한 모기"들의 윙윙거림을 "홍방울새"의 노래와 동일한 맥락에 둠으로써 모든 만물에 대한 편차 없는 '생태중심적인' 열린 시각을 보여 준다. 이러한 "포괄적 수용력"이 인간의 삶과 죽음을 포함한 모든 생성과 소멸을 이성적인 탐구나 의문 없이 자연의 순환 원리로 받아들이는 것이다.

키츠의 「가을에게」의 시 내용은 『브리짓 존스의 일기』와 별다른 연관성을 지니고 있지 않다. 다만, 시 저변에 흐르는 "포괄적 수용력"은 왜 이 작품이 속편이 만들어질 정도로 대중적인 인기를 보이며 특히 브리짓 존스라는 인물이 매력적으로 독자들과 관객들에게 다가오는가를 설명해 준다. 먼저, 존스는 "낭만 희극"(romantic comedy)의 원형으로 여겨지는 긴 드레스가 어울리는 우아하고 아름다운 여주인공과는 거리가 멀다. 그녀는 뚱뚱하고 담배와 술을 좋아하는 우리 주변에서 흔히 볼 수 있는 어찌 보면 평균 이하로도 여겨지는 인물이다. 이러한 존스의 외모적 평범함과 생활 모습의 일상성은 관객들에게 자신과 다름없다는 동료의식을 심어주게 되고 이 동료의식을 통하여 관객들은 그녀에게 더 더욱 몰입하게 되는 것이다. 특히, 결과적으로 그녀를 희롱한 직장 상사 클리버에게 "당신 밑에서 일하느니, 차라리 사담 후세인 엉덩이나 닦아주겠어요"(But if staying here means working within 10 yards of you, frankly, I'd rather have a job wiping Saddam Hussein's arse)라며 사무실을 박차고 나가는 장면은 관객들에게 늘 맘에 품고는 있지만 해보지 못한 일에 대한 보상심리로까지 여겨지게 된다. 따라서 관객들은 비현실적 허구의 세상에서 그려지는 고매한 사랑의 결말보다 존스의 사랑에 더 몰입하고 그녀의 행복한 결말을 원하게 된다. 이런 점에서 다시는, 조금 비현실적으로 비추어지기는 해도, 관객의 기대를 져 버리지 않는다.

다시: 널 좋아해, 그것도 아주 많이.
존스: 담배와 술을 좋아하는데도, 엄마가 좀 천박한데도. . .
그리고 지독한 수다쟁이인데도.
다시: 응, 상관없이 많이 좋아해. 너의 지금 있는 그대로를.

Darcy: I like you, very much.
Jones: Ah, apart from the smoking and the drinking, the vulgar mother
and . . . ah, the verbal diarrhea.
Darcy: No, I like you very much. Just as you are.

결과적으로『브리짓 존스의 일기』에서 "포괄적 수용력"을 지니고 구현하는 인물은 다시인 것이다. 존스가 눈이 내리는 가운데 거의 나체로 다시를 찾아가고 그가 그녀를 온몸으로 받아들이는 것은 그녀를 사랑하는 데 방해가 될 수 있는 모든 불확실하고 의심스러운 것들에 대한 아무런 계산 없이 "있는 그대로"의 그녀를 받아들인다는 상징인 것이다.

『솔라리스』(*Solaris*)와 딜런 토마스(Dylan Thomas)의 「그리하니 죽음은 지배하지 못하리라」 (“And Death Shall Have No Dominion”)

『솔라리스』(*Solaris* 2002)

- 감독: 스티븐 소더버그(Steven Soderbergh)
- 출연: 조지 클루니(George Clooney) ………… 크리스 켈빈(Chris Kelvin)
  나타샤 맥켈혼(Natascha McElhone) …… 레아(Rheya)
  비올라 데이비스(Viola Davis) …………… 고든(Gordon)
  제레미 데이비스 ………………………… 스노우(Snow)
  울리크 투커(Ulrich Tukur) ……………… 지바리안(Gibarian)

『솔라리스』는 폴란드 작가 스타니슬라프 렘(Stanislaw Lem: 1921 - 2006)이 1961년에 발표한 동명의 소설을 원작으로 하고 있다. 관객의 입장에서 소더버그의『솔라리스』를 보다 온전하게 감상하기 위해서는 많은 노력이 요구된다. 렘의 원작은 물론 러시아 감독 안드레이 타르코프스키(Andrei Tarkovsky: 1932 - 1986)가 1972년에 발표한『솔라리스』의 감상이 필수적이다. 소더버그 본인은 자신의 작품이 렘의 원작에 대한 "새로운 해석"(new version)이라 하였지만, 렘은 "타르코프스키 영화의 재판"(remake of the Tarkovsky movie)에 불과하다고 비난한 바 있다. 그러나 타르코프스키의『솔라리스』 역시 렘의 원작이 보여주는 "우주생물학적"(astrobiological) 플롯보다는 인간관계에 보다 초점을 맞추고 있다. 타르코프스키 작품의 주된 줄거리는 크리스가 우주로 나가기 전의 지구 생활에 맞추어져 있으며, 이를 통하여 타르코프스키는 인간의 내면과 의식에 대한 심도 깊은 성찰을 보여 준다. 각각의 영화가 지닌 완성도는 별개로 하고, 원작자 렘의 작품에 대한 설명은 두 감독의 해석을 보는 그의 시각을 어느 정도 보여 준다.

> 『솔라리스』의 작가로서 내가 보여주고자 한 것은, 확실하게 존재하지만, 인간의 개념이나 견해 혹은 심상으로 인지될 수 없는 어떤 것과 인간이 조우(遭遇) 했을 때를 그려내는 것이었다. 이것이 내가 이 작품의 제목을『우주에서의 사랑』이 아닌『솔라리스』라고 부른 이유이다.

> As *Solaris'* author I shall allow myself to repeat that I only wanted to create a vision of a human encounter with something that certainly exists, in a mighty manner perhaps, but cannot be reduced to human concepts, ideas or images. This is why the book was entitled *Solaris* and not *Love in Outer Space*.

렘이 소더버그의 작품을 보다 편하한 것은 분명하지만 타르코프스키의 작품 역시 그의 원작이 지닌 의도에서 벗어나고 있는 것은 분명하다. 이렇게 보았을 때, 렘의 원작을 중심으로 타르코프스키가 '인간의 내면적 의식'에 초점을 맞추었다면 소더버그는, 영화 포스터에 극단적으로 보이는 것처럼, "우주에서의 사랑"에 초점을 맞추고 있다고 할 수 있다.

소더버그가 자신의 『솔라리스』에서 보여 주려는 사랑의 가치는 이 작품에서 크리스와 레아를 이어주는 중요한 축의 역할을 담당하는 딜런 토마스(Dylan Thomas: 1914 - 1953)의 시 「그리하니 죽음은 지배하지 못하리라」("And Death Shall Have No Dominion")에서도 반복된다.

> 그리하니 죽음은 지배하지 못하리라
> 망자는 벌거벗은 채로
> 바람과 서쪽달의 사람과 하나가 될 것이고,
> 그들이 깨끗한 백골로 남고 그 뼈마저 사라질지라도
> 팔다리에 별빛을 지닐 것이며,
> 미치더라도 미친 것이 아니며,
> 바닷 속 깊이 가라앉더라도 다시 떠오를 것이며,
> 연인들은 사라지더라도 사랑은 남을 것이니,
> 그러하니 죽음은 지배하지 못하리라.
>
> 그러하니 죽음은 지배하지 못하리라.
> 바다의 굽이치는 물결 아래서
> 그들이 오래 누워있을지언정 덧없이 죽어가진 않을 것이며,
> 형틀에 묶이고 맷돌에 갈려 힘줄이
> 비틀려 터질지라도, 파괴된 것이 아니며
> 움켜진 신념이 두 조각이 나고,
> 일각수 악마들이 그들을 뿔로 관통해도,

산산조각이 날지언정 깨지지 않을 것이니,
그러하니 죽음은 지배하지 못하리라.

그러하니 죽음은 지배하지 못하리라.
갈매기들의 울음이 더 이상 그들 귓가에 들리지 못하거나
파도가 바닷가에 파도가 크게 부서지지 못할지라도,
꽃들이 피어나던 곳에 더 이상 꽃이 피어나지 않고
불어오는 비바람 속에 그 고개를 치켜들지 못하더라도,
그들이 광기에 사로잡히고 차디찬 못처럼 죽을지라도,
글자들의 머리가 데이지 꽃들 사이로 그 잎을 틔우고,
태양이 부서지기 전까지 태양 속에서 터져 나오니,
그러하니 죽음은 지배하지 못하리라.

And death shall have no dominion.
Dead mean naked they shall be one
With the man in the wind and the west moon;
When their bones are picked clean and the clean bones gone,
They shall have stars at elbow and foot;
Though they go mad they shall be sane,
Though they sink through the sea they shall rise again;
Though lovers be lost love shall not;
And death shall have no dominion.

And death shall have no dominion.
Under the windings of the sea
They lying long shall not die windily;
Twisting on racks when sinews give way,
Strapped to a wheel, yet they shall not break;
Faith in their hands shall snap in two,
And the unicorn evils run them through;

Split all ends up they shan't crack;
And death shall have no dominion.

And death shall have no dominion.
No more may gulls cry at their ears
Or waves break loud on the seashores;
Where blew a flower may a flower no more
Lift its head to the blows of the rain;
Though they be mad and dead as nails,
Heads of the characters hammer through daisies;
Break in the sun till the sun breaks down,
And death shall have no dominion.

일반 대중에게 시인 딜런 토마스는 시 낭송 순회공연을 할 정도의 유려한 목소리와 폭음(暴飮)에 따른 기행, 그리고 온전한 이해와 해석이 매우 어려운 시 자체의 난해함으로 잘 알려져 있다. 『로마서』(*Romans*) 6장 9절의 "죽음이 더 이상 지배하지 못하리라"(Death hath no more dominion)는 구절에서 착안한 이 작품은 딜런 토마스의 시 중에서 비교적 쉬운 시에 속한다. 이 시의 용이함은 제목에서도 어느 정도 유추되는 '죽음'과 '부활'의 전체적인 흐름을 그리 어렵지 않게 파악할 수 있다는 점에서 온다. 딜런 토마스 학자인 틴달(William York Tindall)은 이 시의 주제를 딜런 토마스가 천착해 온 "부활"(resurrection)로 단언한다. 그러나 이 시뿐만 아니라 그의 모든 시들에서 죽음과 부활을 잇는 딜런 토마스의 맥락은 매우 독특하다. 그는 이 시에서, 비록 제목은 성경에서 빌어 왔지만, 예수 그리스도의 죽음과 부활이라는 교리적 신앙은 거부한다. 비평가 커쉬너(R. B. Kershner, Jr.)는 "딜런 토마스에게 신은 자연, 성(性), 사랑, 시간의 흐름, 삶의 활력 그리고 토마스 자신이다"(his God has been identified with Nature, Sex, Love, Process, the Life Force, and with Thomas himself)고 언급한 바 있다. 그의 언급을 토대로 보았을 때, 이 시에서 죽음과 부활을 이어주는 초월적 매개체는 "바람과 서쪽 달," "별빛," "바다" 등의 '*자연*'과 "연인들은 사라지더라도" 남는 '*사랑*' 그리고 "데이지 꽃들 사이로 그 잎을 틔우고," '태양 속에서 터져 나오게 하는' '*시간의 흐름*'이다. 결국 딜런 토마스는 이 시에서 "사랑"과 "신념"이라는 인간적 가치에 충실한 삶을 바탕으로 철저하게 자연의 흐름에 혼입될 때만이 인간은 죽음을 극복하고 부활할 수 있다고 보여 주고 있다. 그의 시에서 이러한 죽음과 부활의 주제를 좀 더 극명하게 보여주는 시는 「푸른 도화선을 따라 꽃을 내모는 힘이」("The Force That Through the Green Fuse Drives the Flower")이다. 이 시에서 그는 "푸른 도화선을 따라 꽃을 내모는 힘이 / 나의 청춘을 내몰고, 나무의 뿌리를 파괴시키는 힘이 / 나의 파괴자니라"(The force that through the green fuse drives the flower / Drives my green age; that blasts the roots of trees / Is my destroyer)라며, 인간이 자연력의 지배를 받고 있음을 명확히 하고 있다. 시의 말미에서의 "그리하여 연인의 무덤에 말할 수 없네"(And I am dumb to tell the lover's tomb)라는 언급은 일견 자조 섞인 언급으로 보이지만, 전체적인 맥락에서 보자면 자연물인 인간에게 주어진 최상의 가치인 '사랑'하는 '연인의 무덤'은 꽃을 피운 후의 씨앗처럼 죽음이 아닌 부활로 이어질 수 있으니 슬픈 비가(悲歌)는 필요 없는 것이라는 해석이 가능하다. 딜런 토마스는 엘리엇(T. S. Eliot)과 조이스(James Joyce)를 중심으로 '모더니즘'(Modernism)이 득세하던 시기에 그들과는 색다른 의미로 "현대의 낭만주의자"(Modern Romanticist)라고 불리며, 그의 낭만주의는 거대한 자연의 흐름 속에서 개별적인 인간의 죽음을 초월하는 그의 시들이 빚어내는 따뜻한 인본주의에 근거하고 있다.

『솔라리스』에서 딜런 토마스의 시는 크리스와 레아가 처음 만났을 때와 레아가 임신했을 당시를 크리스가 회상할 때 등장한다. 또한 지구에서 레아는 딜런 토마스의 시집에서 이 시가 담긴 페이지를 찢어내어 손에 쥐고 자살한다. 솔라리스 행성에서 혼란에 빠져 있는 크리스에게 지바리안의 "방문자"(visitor, replica)는 "해답은 없어, 단지 선택만 있을 뿐이야"(There are no answers, only choices)라고 충고한다. 엄밀하게 보자면, 딜런 토마스의 시「그리하니 죽음은 지배하지 못하리라」가 영화 속의 죽음을 극복하는 초월적 사랑을 보완하고 극대화시켜 줄 것이라는 소더버그의 선택은 잘못된 선택이다. 딜런 토마스의 시에서 사랑은 인간적 삶의 철저한 수행을 위한 도구에 불과하고, 죽음은 순환하는 자연력에 인간이 철저하게 순응할 때 이루어진다. 따라서 그의 시에서 사랑과 성(性) 등등의 '삶의 활력'(Life Force)은 식물이 꽃을 피우고 나무가 열매를 맺는 것 이상의 의미를 지니지 못한다. 아마도 이 점이 영화에서 딜런 토마스의 시 전편이 아닌 1연만이 인용된 이유이기도 할 것이다. 따라서『솔라리스』에서 딜런 토마스의 시는 비록 그 매개체는 다르지만 세상에는 죽음을 초월하는 것이 존재한다는 맥락에서 이해되어야 한다. 이 초월적 매개체로 딜런 토마스가 자연을 선택하고 있다면 소더버그는 사랑을 선택하고 있는 것이다. 영화는 크리스의 실재와 크리스와 레아의 방문자가 혼재되어 매우 혼란스럽게 끝이 난다. 지구로 돌아온 것은 크리스와 레아의 방문자임이 밝혀진다. 따라서 크리스의 실재는 또 하나의 레아의 방문자과 함께 솔라리스에 남아있음을 유추할 수 있다. 실재와 환영이 혼재하는 이러한 복잡한 갈등 구조는 지구에 돌아 온 레아의 언급을 통하여 어느 정도 해소된다. 그녀는 "나 살아있는 거야? 아니면 죽은 거야?"라는 크리스의 질문에 포옹과 함께, "이젠 그런 생각을 할 필요가 없어. 우린 이제 함께야. 우리가 한 일은 모두

용서 받았어. 모두"(We don't have to think like that anymore. We're together now. Everything we've done. . . is forgiven. Everything) 답한다. 그녀의 대답은 지구에 있는 두 연인과 솔라리스에 머문 두 연인 모두에게 해당된다. 즉, 두 사람을 함께 할 수 있도록 만드는 "사랑"이야 말로 삶 속에서의 모든 것을 용서하게 하고 나아가 그 삶을 초월한다는 것이다.

영화의 결말은 시간과 공간의 차원에서 사랑이 지니는 또 다른 의미를 암시적으로 보여준다. 즉, 지구로 복귀한 크리스와 레아의 지구생활은 그들의 현재를 있게 한 과거의 연장이며 동시에 그들이 실재가 아닌 환영이라는 점에서 현실이 아닌 관념적 세계를 의미한다. 아울러 솔라리스에 남아 있는 크리스는 현재와 그 전개를 알 수 없는 미래를 의미하며, 필연적으로 또 다른 레아의 환영을 만들어 내지만 관념이 아닌 실제의 세계를 의미한다. 이 모든 시공과 존재를 가능하게 하고 하나로 이어 주는 것이 바로 사랑이다. 과연 사랑이 이 모든 것을 가능하게 해줄 것인가에 대한 논리적이고 이해 가능한 "해답"은 없다. 단지 그 사랑을 할 것인가에 대한 "선택"만이 존재한다.

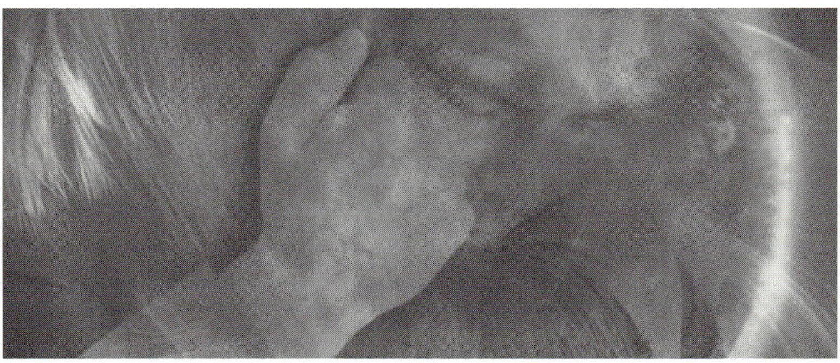

『씨비스킷』(*Seabiscuit*)과 디킨슨(Emily Dickinson)의 「우리는 결코 알지 못하네」 ("We Never Know How High We Are")

『씨비스킷』(*Seabiscuit* 2003)

- 감독: 게리 로스(Gary Ross)
- 출연: 토비 맥과이어(Tobey Maguire) …… 쟈니 레드 폴라드(Johnny Red Pollard)
  제프 브리지스(Jeff Bridges) ……… 찰스 하워드(Charles Howard)
  크리스 쿠퍼(Chris Cooper) ………… 톰 스미스(Tom Smith)
  에디 존스(Eddie Jones) …………… 새무엘 리들(Samuel Riddle)

『씨비스킷』은 경마전문 저술가인 로라 힐렌브랜드(Laura Hillenbrand: 1967 -)의 2001년 베스트셀러 『신대륙의 전설 씨비스킷』(*Seabiscuit: An American Legend*)을 토대로 만든 영화이다. 버라디넬리(James Berardinelli)는 『씨비스킷』을 "성인들에게 희망을 주는 영화"(the great hope of the adult movie-going audience)라 부르며, 그 이유를 관객의 "정신을 고양시키는 힘이 있는 영화"(inspirational drama)이기 때문이라고 지적하고 있다. 버라디넬리의 언급은 이 영화와 소설의 시대적 배경인 30년대의 대공황(The Depression)의 상황을 감안해 보아도 충분히 이해될 수 있다. 소설은 경주마 씨비스킷이 활동하던 당대의 분위기를 짧지만 강렬하게 소개하는 것으로 시작하고 있다.

> 격동의 혼란기였던 1938년 그 해 최고의 뉴스메이커는 루스벨트도, 히틀러도 아니었다. 그것은 인간이 아니었다. 하루가 멀다 하고 그해 신문지면을 장식했던 것은 반벙어리 조련사와 한쪽 눈은 보이지 않는 기수와 팀을 이룬, 뒤틀린 다리에 왜소한 체격의 경주마였다. 바로 씨비스킷이었다.
>
> In 1938, a year of monumental turmoil, the number one newsmaker was not Roosevelt or Hitler. It wasn't even a person. It was an undersized, crooked-legged racehorse trained by a virtually mute mustang breaker and ridden by a half-blind failed prizefighter. The race horse was Seabiscuit.

대공황은 물질적으로는 물론 정신적으로도 많은 "패배자"(underdog)들을 양산해 냈다. 『씨비스킷』은 다양한 양상의 패배자들이 모여 그 패배를 딛고 일어선다는 전형적인 "아메리칸 드림"(From Rags to Riches)에 관한 이야기이다.

혹자는 인간이 가지고 있는 모든 욕망 중에서 가장 강하면서도 뿌리 깊은 것이 '신데렐라 콤플렉스'(Cinderella Complex) 즉 신분상승 욕구라고 부른다. 그리하여 이러한 주제를 다룬 작품들은 어느 정도 기본적인 대중의 관심을 끄는 데 결코 실패하지 않는다고 폄하하기도 한다. 『씨비스킷』 역시 그 틀에서 크게 벗어나는 것은 아니지만, 찬찬히 바라보면 그 이면에는 단순한 신데렐라 콤플렉스 이상의 것이 존재하고 있음을 알 수 있다. 『씨비스킷』의 저변에는 미국이라는 국가의 탄생 배경이 되는 동서의 구도가 적절하게 활용되고 있다. 이 구도는 역시 30년대 미국의 대표작가 중의 한사람이라 할 수 있는 스코트 피츠제랄드(F. Scott Fitzgerald: 1896 - 1940)의 『위대한 개츠비』(*The Great Gatsby*, 1925)에서 그 좋은 선례를 찾을 수 있다. 작품 속에서 나래이터인 서부출신의 소박한 인물 닉(Nick Carraway)은 주인공 개츠비(Jay Gatsby)가 동부의 부패한 물질문명에 쇠락하여가는 모습을 지켜보고는 환멸을 느껴 다시 자신의 고향인 서부로 돌아간다. 영화『귀여운 여인』(*Pretty Woman*, 1990)과 『레인맨』(*Rain Man*, 1988)에서도 세련되고 계산적인 동부 인물과 순수하고 소박한 서부 인물간의 갈등 구조가 두드러진다. 지금은 그 의미가 급격히 축소된 것이 사실이지만, 미국 역사와 문화 속에서 동부는 주로 화려한 도시가 지니는 의미 즉, 문명, 물질주의, 개인주의, 세련됨, 도덕적 타락 등등의 의미를 지닌다. 반면에 서부는 소박한 시골이 지니는 의미 즉, 자연, 전원적 이상향, 순수, 세련되지 못함 등등의 의미를 지니고 있다. 이러한 동서구도의 뿌리는 동부의 뉴 잉글랜드(New England) 지역에서 시작하여 "서진운동"(Go West)이라는 서부 개척의 시대를 통하여 오늘날에 이른 미국 역사를 개관하여 보면 어느 정도 이해될 수 있다.

『씨비스킷』에서 서부를 향해 거칠게 밀려드는 동부의 물결은 "외로운 야인(野人)”(The Lone Plainsman)이라 불리는 스미스가 푸른 초원을 구획으로 나누고 있는 가시철조망을 만지작거리는 장면에서 상징적으로 잘 드러난다.『씨비스킷』에서 눈여겨보아야 할 것은 동부의 물질문명에 압도당하여 상실되어 가고 또한 이미 상실된 것이 무엇인가 하는 점이다. 이는 바로 그것이 비단 30년대뿐 만이 아니라 현대를 사는 우리가 잃어가고 있는 것이기 때문이다. 또한, 이런 점에서 본다면 우리가『씨비스킷』에서 받는 감동은 많은 부분 바로 우리가 상실한 그것들이 서부에서 동부로 기관차처럼 생생하게 달려가는 모습을 보면서 체험하는 대리만족으로도 설명될 수 있다. 전원생활을 하는 스미스를 통하여 우리는 자연과 멀어져 있는 그리하여 자연과의 교감이라는 귀한 체험을 잃어가고 있는 우리의 모습을 본다. 이는 영화 속에서 씨비스킷과 등장인물들과의 교감을 통하여 극대화된다.

> 우리가 방치된 녀석을 찾아내 다시 일어서게 했다고 하지만, 사실은 그가 우릴 일어서게 해 주었고, 우리들 모두를 치료해 준 것이다. 그리고 우리들은 서로가 서로를 치료해 준 것이다.

> You know, everybody thinks we found this broken-down horse and

fixed him, but we didn't. He fixed us. Every one of us. And I guess, in a way, we kind of fixed each other too.

동부의 백만장자 리들(Samuel Riddle)은 자신의 애마인 제독(War Admiral)과 씨비스킷과의 경기를 헤비급과 미들급의 경기라고 폄하한다. 그의 이러한 폄하 저변에는 서부에 대한 동부의 뿌리 깊은 우월감이 자리 잡고 있다. 그는 씨비스킷이 "암소 우리에서나 달리던 망아지"(This little colt of theirs is running out on some cow track)라면서, "그래 그곳 서부에서는 카우보이들이 쓰던 안장을 여전히 쓴다지요?"(Do they use Western saddles out there?)라며 조롱한다. 그에게 서부는 여전히 카우보이들이 득세하는 야만스럽고 미개한 지역에 불과한 것이다. 특히 그의 언급에서 "out"이라는 표현에서 잘 드러나는 것처럼, 동부인들에게 서부는 아직 주류에 편입되지 못한 혹은 주류에서 이미 밀려나 있는 '오지'(奧地)에 불과한 것이다. 시합을 거부하는 리들을 움직이기 위하여 하워드는 "현금"(cash)을 동원한다. 이는 동부가 무엇으로 움직이고 있는가를 보여주는 냉소적인 미끼인 것이다. 이후 씨비스킷은 제독과의 대결을 위해 5만 마일이 넘는 철도여행을 하며 서부에서 동부로 기나긴 여정을 시작한다. 이 여정은 어떤 점에서 과거로의 "퇴행" (regression)으로, 우리가 잃었거나 잊고 있었던 서부라는 거친 자연과의 교감을 의미한다고 볼 수 있다. 이 여정의 끝에서 이루어지는 제독과 씨비스킷의 대결에서, 30년대의 미국인들과 현대의 우리들은 씨비스킷의 승리를 일방적으로 기원한다. 물론 주인공이기 때문이기도 하지만, 이 기원은 물질문명의 격류 속에서 이제는 이미 쓸모없는 것이라는 패배의식으로 석화(石化)되어 있던 '인간의 거친 자연성'이 다시 살아 숨쉬기를 목격하고 싶은 기원이기도 하다.

하워드는 물질문명 속에서 우리가 "상상력"(imagination)을 잃어가고 있음을 보여준다. 영화는 미국 동부의 대표적인 기업인 포드(Ford) 자동차 회사의 "조립생산 라인"(the assembly line)의 소개로 시작한다. 이 조립생산 라인은 대량생산을 가능케 하였지만, 인간을 단순한 업무만 반복하는 기계의 한 부분으로 전락시키고 말았다. 나래이터는 이 "위대한 발명"(the real invention)을 매우 혼돈스럽게 부르고 있다.

> 그것은 상상력의 시작이기도 하였지만, 또 다른 의미에서는 상상력의 종말이기도 하였다.
>
> It was the beginning and the end of imagination all at the same time.

여기서 시작되는 상상력은 물질문명의 부흥을 위한 상상력이지만, 종말을 고하는 상상력은 인간의 고유한 상상력을 의미한다. 비록 서부의 백만장자인 하워드는 물질문명의 혜택을 누리고 있지만, 그가 지니고 있는 상상력은 동부의 기업가들이 지니고 있는 그것과는 차별성을 보인다. 그의 상상력은 인간성을 토대로 하고 있기 때문이다. 그는 자전거와 말을 대신하여 자동차의 시대가 올 것을 예견하고 또한 성공을 거두는 새로이 시작되는 상상력을 지니고 있지만, 동시에 과거의 인물인 톰 스미스를 발굴하고 시대의 패배자인 레드 폴라드를 따뜻하게 감싸 안을 줄 아는 지혜롭고 따뜻한 상상력을 동시에 지니고 있다. 그가 최종 목적지로 늘 제시하는 '미래'(The future is the finish line!)가 생생하고 따사로운 이유가 바로 이 때문이다.

하워드의 인간성을 바탕으로 한 상상력은 레드 폴라드를 통하여 이 영화 전체를 아우르며 살아 숨쉬는 "영혼"(spirit)과 연계된다. 대공황의 여파로 부모와의 생이별을 하게 되지만 그는 결코 좌절하지 않는다. 그의 영혼이 살아있음은 자신을 추월하는 경쟁자를 허락하지 않는 씨비스킷의 그것과도 닮아 있다. 그는 부상당한 자신을 대신하여 제독과의 경주에 나가는 동료 기수 조지(George)에게 자신의 가슴을 가리키며 승리의 비결은 "다리가 아닌 뜨거운 가슴"(It's not in his feet, George. It's right here)이라고 당부한다. 물질이 지배하는 세상에서 인간의 영혼은 왜소화된다. 레드 폴라드가 과거 화목했던 시절 식탁 머리맡에서 가족들과 함께 암송하곤 하였던 에밀리 디킨슨(Emily Dickinson: 1830 - 1886)의 시는 영혼을 가진 인간이 얼마나 크고 위대한가를 잘 보여준다.

47
우리가 얼마나 큰지 결코 알지 못하네,
　부름 받아 일어서기 전에는,
일어서, 계획에 충실하면
　우리는 하늘에 닿으리.

우리가 늘 상 바라던
　영웅도 일상적인 것이 되리,
왕이 되는 것에 대한 두려움으로
　우리 스스로를 왜곡하지 않는다면.

XCVII
We never know how high we are
　Till we are called to rise;
And then, if we are true to plan,
　Our statures touch the skies.

The heroism we recite
　Would be a daily thing,

Did not ourselves the cubits warp
For fear to be a king.

디킨슨은 "엠허스트의 수녀"(the nun of Amherst)라는 별명을 지닐 정도로 청교도 교리에 철저했던 시인이었다. 그녀의 시세계와 생애를 비추어 볼 때, 이 시 역시 신의 "소명"(calling)에 "충실한"(true) 청교도적 삶의 자세를 전제로 하고 있다고 할 수 있다. 따라서 이 시를 전적으로 인본주의적 가치관에 입각한 시로 보기는 어렵다. 그러나 그 믿음이 무엇이든지간에, 우리가 각자의 "계획"(plan)에 충실한 살아있는 영혼을 지니고 있다면 인간의 가능성은 무한할 것이다. 이 시의 낭만성과 인본주의적 분위기는 바로 이런 점에서 생겨난다. 생전에 자신의 시를 거의 발표한 적이 없는 디킨슨은 후일 시가 출판될 것을 염두에 두고 자신의 시세계를 아우르는 전반적 분위기를 "삶, 자연, 사랑, 시간 그리고 영원"(Life, Nature, Love, Time and Eternity)으로 제시하고 모든 시들을 각각 다섯 가지의 주제로 묶어 주기를 희망하였다. 충분히 예측되듯이 이 시는 "삶"의 범주에 포함되어 있다. 그러나 인간의 삶 속에 필연적으로 나머지 네 가지의 주제 모두가 녹아 있듯이, 이 시를 활용하고 있는 영화 속에서도 디킨슨의 다섯 가지 주제들은 힘을 발하고 있다. 영화 속에서 대공황과 동부의 물질문명에 압도되어 패배한 영혼들은 디킨슨의 관점에서 보자면, 일어서지 못하고, 자신의 미래에 대한 계획에 충실하지도 못하고, 왕이 될 수도 있다는 자신감이 결여된 영혼인 것이다. 따라서 시와 영화는 상처받은 영혼들에게 가장 근본적인 '치유'가 무엇인지를 제시하고 있다. 그리고 그 치유는 무언가 새로운 것을 만들어 내야 하는 것이 아니라 우리가 지니고 있었지만 잊혀지거나 혹은 잊혀져 가고 있는 것들을 다시 저 깊은 영혼의 밑바닥에서 끌어내어야 한다는 것이다. 디킨슨의 주제를 통하여 말한다면 우리가 "삶"과 "자연"을 "사랑"하면 우리는 "시간"을 초월한 "영원"을 구가할 수 있다는 것이다. 선원용 건빵이라는 뜻을 지닌 『씨비스킷』은 그 이름에도 나타나듯이 두 번 구워 만드는 과자이다. 이처럼 좌절 뒤에 다시 구워지는 시련을 겪는다 해도, 패배에 굴하지 않고 다시 일서설 수 있는 영혼만 있다면 우리의 삶은 영웅적인 것이 될 것이다.

『밀리언 달러 베이비』(*Million Dollar Baby*)와 예이츠(W. B. Yeats)의 「이니스프리의 호도(湖島)」("The Lake Isle of Innisfree")

『밀리언 달러 베이비』(*Million Dollar Baby* 2004)

- 감독: 클린트 이스트우드(Clint Eastwood)
- 출연: 클린트 이스트우드(Clint Eastwood) … 프랭키 던(Frankie Dunn)
  힐러리 스웽크(Hilary Swank) ……… 매기 피츠제랄드(Maggie Fitzgerald)
  모간 프리먼(Morgan Freeman) …… 에디 스크랩(Eddie Scrap)
  루시아 리지커(Lucia Rijker) ………… '푸른 곰' 빌리(Billie 'The Blue Bear')

『밀리언 달러 베이비』는 에프 엑스 툴(F. X. Toole)이라는 필명으로 작품 활동을 한 제리 보이드(Jerry Boyd: 1930 - 2002)의 자전적 권투 소설 「불타는 링」(“Rope Burns” 2000)을 토대로 한 영화이다. 보이드가 최초로 링에 오른 나이는 영화 속의 매기보다도 더 늦은 48세였다. 그는 말년에 권투선수의 상처를 치료하는 치료사(cut man)와 트레이너 생활을 한 바 있다. 한편 영화 속에서 보이드는 나레이션을 담당하는 스크랩(Eddie Scrap-Iron Dupris)으로 등장하며, 그의 친구인 프랭키 던은 보이드에게 처음 권투를 가르쳐 주었으며 그의 평생의 동지라 할 수 있는 덥 헌틀리(Dub Huntley)를 토대로 하고 있다. 실제로 영화 속의 많은 인물들은 헌틀리의 삶 속에 등장하는 인물들로, 매기(Maggie Fitzgerald)는 헌틀리와 보이드가 함께 훈련시켰던 여성 프로권투 선수였던 줄리 크로켓(Juli Crockett)을 토대로 하고 있다. 출간 시 그다지 주목을 받지 못한 툴의 소설은 이제는 거장의 반열에 오른 클린트 이스트우드의 매우 사려 깊은 손길을 거치면서 한결 완성도가 높아졌다고 할 수 있다. 에버트(Roger Ebert)는 이 영화를 “순수하고 명쾌하면서, 깊고 진실한 걸작”(a masterpiece, pure and simple, deep and true)이라고 단언한 바 있다.

『밀리언 달러 베이비』는 결코 권투영화가 아니다. 마치 후반부를 지배하는 은은한 엷은 푸른색처럼 그리고 그 푸른색이 의미하는 아일랜드 켈트족의 역사처럼, 우리의 가슴 저 깊이 자리한 “슬픔”에 관한 영화이다. 그리고 이 슬픔은, 권투선수에게 3분간의 격렬한 복싱 경기 후에 달콤한 휴식을 제공하는 휴식의자(corner stool)가 매기의 목숨을 앗아가는 흉기가 되는 것처럼, 역설적으로 우리에게 가장 가까운 사람들을 잃거나 혹은 우리가 가장 가까워야 할 사람들과 멀어져 있음으로 인하여 우리 가슴 저 깊은 곳에 자리 잡은 외로움과 그리움에서 비롯된 것이다. 영화 속에서 던, 매기 그리고 스크랩은 모두 가족이 없거나 그 기능이 상실된 가족만이 존재할 뿐이다. 세 사람의 상황은 던이 딸에게 보내는 편지에 찍혀 되돌아오는 "수취인 불명"(Return to Sender)으로 설명될 수 있다. 따라서 세 사람을 강하게 결속시키는 것은 바로 이 긴밀하고 뿌리 깊은 관계에 대한 그리움이다. 바로 이 점이, 표면적으로 그들의 결속은 권투를 통해 이루어지지만, 권투에 대한 던과 스크랩의 철학이 남다른 이유이기도 하다. 던의 체육관에는 "강한 것만이 최고는 아니다"(Tough ain't enough)는 모토가 걸려 있다. 많은 사람들이 권투의 강한 폭력성을 통해 대리만족을 느낀다는 점에서 볼 때, 이러한 주장은 다소 의외이다. 스크랩은 자신들을 결속시켜 주는 권투의 본질을 서로에 대한 "존경심"으로 규정한다.

> 사람들은 폭력을 좋아하지. 해서 사람들은 교통사고가 나면 구경하려고 차 속도를 줄이곤 하지. 그런 연유로 사람들은 권투를 좋아한다고들 하지, 하지만 그런 사람들은 알리가 없지. 권투란 일종의 존경 같다는 것을. 스스로 그 존경심을 끌어내기도 하고, 상대로부터 그걸 가져오기도 하지.
>
> People love violence, they'll slow down at a car wreck to check for bodies, same people claim to love boxing, they got no idea what it is. Boxing is about respect, getting it for yourself, and taking it away from the other guy.

가장 야만적이고 동물적 본성에 가깝다고 여겨지는 권투에도 타인과의 교감이 있다는 것이다. 이러한 스크랩의 믿음은 매기가 "백만 불짜리"임을 그가 발견하게 하는 요인이 되기도 한다. 그는 매기를 챔피언으로 키운 것은 던이지만, 그녀를 발견한 것은 바로 자신이라고 말한다. 그는 그녀가 여느 권투선수와는 다르다는 점을 그녀의 권투에는

"마법"과 같은 것이 존재하기 때문이라고 여긴다. 그는 매기에게 "권투에 마법이 있다면, 그것은 엄청난 인내력을 가지고 경기를 치루는 것이다. . . 그건 누구도 아닌 당신의 꿈을 위해 모든 것을 감내하는 마법이다."(If there's magic in boxing, its the magic of fighting battles beyond endurance . . . It's the magic of risking everything for a dream that nobody sees but you.)라며 권투의 마법을 꿈과 연관 짓는다. 그의 이 언급은 미국의 극작가인 테네시 윌리암스(Tennessee Williams; 1911 - 1983)의 『유리 동물원』에서 주인공 톰 윙필드(Tom Wingfield)의 독백을 닮아 있다.

> 그래요, 내 주머니에는 마법이 있어요, 여러 가지 비장의 마법들이죠. 허나 나의 마법은 무대 위의 마법사들이 보여주는 것과는 정반대예요. 그들은 여러분들에게 진실을 가장한 환상을 보여주지만, 나는 즐거운 환상을 가장한 진실을 보여 드리죠.
>
> Yes, I have tricks in my pocket, I have things up my sleeve. But I am the opposite of a stage magician. He gives you illusion that has the appearance of truth. I give you truth in the pleasant disguise of illusion.

이렇게 볼 때, 매기의 몸부림이 아름다운 것은 그녀가 환상과 마법과도 같은 "엄청난 인내력"을 가지고 자신의 꿈을 실현시키려하기 때문이다. 그 꿈은 일차적으로 그녀가 깨닫고 있는 냉혹한 현실 즉, 그녀가 분명하게 알고 성장해 온 "그녀 자신이 쓰레기에 불과하다"(She grew up knowing one thing, she was trash)는 현실에서의 탈피를 위한 것이다. 영화에서 매기가 원하는 그러한 현실에서의 탈피는 결국 가족이 함께 다시 모여 사는 소박한 꿈으로 연결되고 있음을 보여 준다.

우리는 인생에서 백만 불짜리 대박을 꿈꾸고 산다. 그러나 그 백만

불이 "몽땅 1,000원짜리 가게"인 "원 달러 샵"(One Dollar Shop)에도 존재한다는 사실을 알지 못한다. 마찬가지로 우리는 허망하고 실현 불가능한 현실너머에 존재하는 파랑새를 꿈꾸면서 우리가 뿌리내린 현실 속에서 우리 주변에 있는 가장 가까운 것들과 가장 가까운 사람들은 잊고 지낸다. 가장 야만적이지만, 또한 가장 본능적인 권투에 매달리는 매기의 몸부림은 바로 우리가 잊고 지내온 가장 근본적이기도 하지만 또한 가장 소중한 것들을 되찾기 위한 것이다. 던이 병원 침대에 누워있는 매기에게 들려주는 예이츠(W. B. Yeats: 1865 - 1939)의 「이니스프리의 호도(湖島)」("The Lake Isle of Innisfree")는 그것이 얼마나 소중하고 절실한 것인가를 웅변하면서 또한 매기의 꿈은 우리가 잊고 있었던 우리 모두의 가장 깊은 곳에서 존재하는 기원이었음을 잔잔하지만 사무치게 말해주고 있다.

나 이제 일어나 가렵니다, 이니스프리로,
가지 엮은 황토로 작은 오두막 짓고
아홉이랑 밭도 매고, 꿀벌도 치고,
꿀벌 잉잉대는 숲 터에 홀로 살렵니다.

그곳에선 평온함이 있겠지요, 하기사 평온함이야,
아침 안개에서 귀뚜리 우는 저녁까지 천천히 방울져 떨어지기에,
그 곳은 온 밤 은은한 빛에 쌓이고, 자줏빛에 눈이 부신 한 낮,
초저녁엔 홍방울새 날개 짓 소리 그득하지요.

나 이제 일어나 가렵니다, 낮이고 밤이고
호숫가에 부딪는 잔물결 소리 들려오나니,
길 위에 있을 때나, 잿빛 포도 위에 있을 때나,
가슴 깊은 곳에서 그 잔물결 소리 울려오나니.

I will arise and go now, and go to Innisfree,
And a small cabin build there, of clay and wattles made;
Nine bean rows will I have there, a hive for the honey bee,
　And live alone in the bee-loud glade.

And I shall have some peace there, for peace comes dropping slow,
Dropping from the veils of the morning to where the cricket sings;
There midnight's all a glimmer, and noon a purple glow,
　And evening full of the linnet's wings.

I will arise and go now, for always night and day
I hear lake water lapping with low sounds by the shore;
While I stand on the roadway, or on the pavements gray,
　I hear it in the deep heart's core.

1890년에 창작하여 1893년에 발표된 이 시는 예이츠의 초기 시의 특징을 잘 나타내주는 아름다운 서정시이다. 시 속의 이니스프리는 시인이 자란 스라이고(Sligo) 근처에 있는 호수 속의 작은 섬으로, 20대에 고향을 떠나 런던에서 생활하면서 어린 시절의 추억을 되살리며 평화로운 전원으로 돌아가고 싶은 심정을 노래한 시다. 영화 속에서 던은 이 시를 병상에 누워있는 매기에게 읽어줌으로써, 매기가 자신에게 어떠한 존재인가를 보여준다. 실제로 던과 매기는 서로를 통해 "가슴 깊은 곳에서" 그들이 그리워하고 있는 것이 무엇인가를 깨닫게 된다. 죽은 아버지를 그리워하던 매기가 "전 프랭키 말고는 아무도 없어요."(I got nobody but you, Frankie)라고 말하자, 던은 "그래 내가 있지"(Well you've got me)라며 그녀의 그리움을 달래 준다. 한편 프랭키는 매기의 가운에 갤릭어로 '나의 맥박' 혹은 '나의 심장'을 의미하는 "머 큐슈라"(mo chuisle)[20]라는 단어를 새겨 넣음으로써, 그녀가 자신에게는 피붙이와 같은 가족임을 보여준다. 예이츠의 시에서의 고향과 영화 속에서의 가족애가 동일한 의미로 중첩되고 있는 것이다. 이 점은 매기의 고통을 덜어주기 위하여 산소 호흡기를 떼어 내고 사라진 던을 향한 스크랩의 기원을 통해서도 잘 드러난다. 스크랩은 "그가 작은 평화를 찾을 수 있는 그런 장소를 찾았기를 바란다. 삼나무와 참나무로 둘러싸인 곳, 어디에도 없을 듯한 그 어딘가에서"(I'd just hope he found some place where he could find a little peace, a place set in the cedars and oak trees, somewhere between nowhere and goodbye)라고 기원한다. 던은 매기를 가슴에 묻고 그가 "길 위에 있을 때나, 잿빛 포도 위에 있을 때나" 그리워하던 이니스프리를 향해 떠난다. 물론 그에게 그 길을 떠날 수 있는 용기를 제공한 것은 소박한 자신의 꿈을 위하여 무모하게 덤벼들던 늙은 여자 권투선수이자 자신의 피붙이와 다름없던 매기인 것이다.

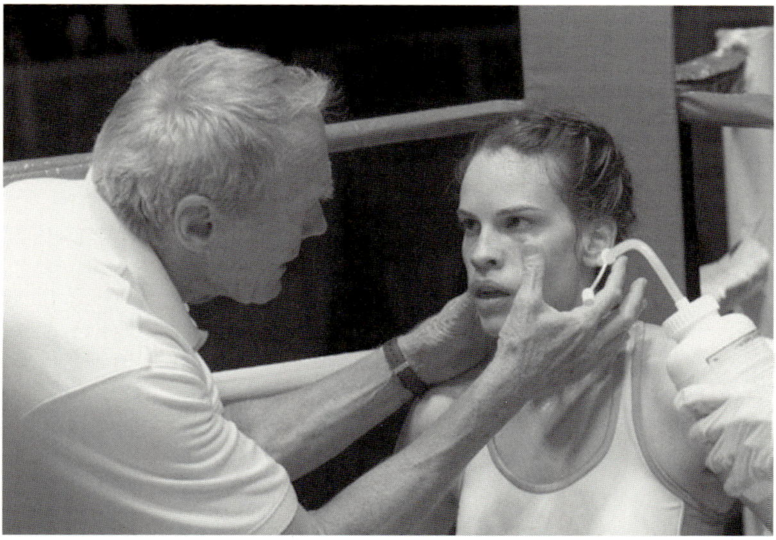

20) 영화 속에서는 "Mo cuishle"라고 잘못 표기되었음.

『노트북』(*The Notebook*)과 휘트먼(Walt Whitman)의 「영원」("Continuities")

『노트북』(*The Notebook* 2004)

- 감독: 닉 카사베츠(Nick Cassavetes)
- 출연: 라이언 고슬링(Ryan Gosling) ………… 노아 캘런(Noah Calhoun)
  레이첼 맥아담스(Rachel McAdams) …… 앨리 해밀튼(Allie Hamilton)
  제임스 가너(James Garner) ……………… 듀크(Duke)
  지나 롤랜즈(Gena Rowlands) ………… 앨리 캘런(Allie Calhoun)

영화 『노트북』은 미국 소설가 니콜라스 스팍스(Nicholas Sparks: 1963 -)가 1996년에 발표한 동명의 소설을 원작으로 하고 있다. 스팍스는 자신의 부인의 할아버지와 할머니의 실제 사랑 이야기가 소설의 전체적인 줄거리를 제공하고 있다고 밝힌 바 있다. 이 작품은 '신분을 뛰어 넘는 지고한 사랑'의 신데렐라 이야기(Cinderella Story)로써 부모의 반대와 서로의 오해로 인한 이별 그리고 재회 등등의 사랑 이야기의 전형적 요소를 모두 지닌 작품이다. 그러나 많은 사랑 이야기들 중에서 이 작품을 독특하게 만드는 것은 사춘기의 첫사랑이 노년의 부부에 의하여 회상된다는 점, 그리고, 비록 '치매'(Alzheimer's disease)라는 사랑 이야기에는 다소 어울리지 않는 노인성 질환이라는 외부적 요인에 의한 것이기도 하지만, 노년에까지 그 두 사람의 사랑이 매우 절실하게 와 닿는 점이다. 즉, 모든 연인들 나아가 모든 인간이 갈망하는 세상에는 존재하지 않을 것 같은 '시간을 이겨내는 영원한 사랑'을 나름 설득력 있게 제시하고 있다는 점이다. 영화에 대한 평가가 엄격하기로 유명한 에버트(Roger Ebert)가 이 영화를 "감상적 환타지"(sentimental fantasy)라고 부르며, 이 영화의 장점은 "좋은 소재"(good material) 그 자체라고 찬사를 보낸 것도 바로 이러한 이유일 것이다. 그는 아울러 "그 창문이 영원히 닫히기 전에 한 번 더 열리는 것은 근사한 일이다"(Nice to believe the window can open once more before closing forever")며 영화에 대한 개인적 감상을 밝히기도 하였다.

이 영화가 보여주는 현실감 넘치는 '영원한 사랑' 이야기는 작품 속에 등장하는 월트 휘트먼(Walt Whitman: 1819 - 1892)의 시를 통해서도 충분히 유추된다. 이 작품에는 총 세 편의 휘트먼 시가 등장하고 있다. 첫 번째 시 「자연발생적 나」("Spontaneous Me")는 앨리가 노아의 집을 방문할 때, 노아와 그의 아버지가 함께 낭송한다. 휘트먼의 『풀잎』

(*Leaves of Grass*)에 수록된 이 시는 총 45행으로 구성 되었고, 영화에서는 7-10행이 인용되고 있다.

자연발생적인 나, 자연,
사랑스런 날, 솟아오르는 태양, 함께하여 행복한 친구,
내 어깨 위에 느슨하게 걸친 친구의 손,
물푸레나무 꽃들로 빛나는 언덕,
가을 늦자락의 빨간, 노란, 갈색의 자줏빛의,
밝고 짙은 녹빛의 단풍들,
융단처럼 펼쳐진 풀밭, 동물과 새들, 인적 드문 풀 무성한 강둑,
야생 사과, 조약돌,
내가 불러내거나 생각할 때, 정해진 순서 없이 하나씩
아름답게 방울져 떨어지는 생각의 파편들
이 모든 것이 시들이다, (우리가 시라 부르는 것은
단지 그림들에 불과하기에)
밤의 은밀함을 다룬, 나 같은 사내들의 시들,
내가 항상 쓰고, 모든 사내들이 쓰는, 은밀하고 수줍은 시들
(단언컨대, 나 같은 사내가 있는 곳에는
필연적으로 잠복해있는 왕성한 남성의 시가 있다) (1-11행)

Spontaneous me, Nature,
The loving day, the mounting sun, the friend I am happy with,
The arm of my friend hanging idly over my shoulder,
The hillside whiten'd with blossoms of the mountain ash,
The same late in autumn, the hues of red, yellow, drab, purple, and light
and dark green,
The rich coverlet of the grass, animals and birds, the private untrimm'd
bank, the primitive apples, the pebble-stones,
Beautiful dripping fragments, the negligent list of one after another

as I happen to call them to me or think of them,
The real poems, (what we call poems being merely pictures,)
The poems of the privacy of the night, and of men like me,
This poem drooping shy and unseen that I always carry, and that all
men carry,
(Know, once for all, avow'd on purpose, wherever are men like me,
are our lusty, lurking, masculine poems;)

이 시의 원제가 「한 묶음」("Bunch")이었다는 점에서 어느 정도 유추되지만, 시는 '인간과 자연의 하나 됨' 그리고 '세상을 움직이는 자연 원리'라는 커다란 두 개의 주제를 중심으로 전개되고 있다. 시의 첫머리에서 시인은 자신과 자연을 동일시하고 있다. 그리하여 그가 경험한 모든 자연이 그의 모든 "생각의 파편들"을 형성하고 그것들을 "불러내거나, 생각할 때" 자연스럽게 시가 된다고 노래한다. 시란 인간이 체험하는 자연 그 자체이기에, 자연을 철저하게 느낀 인간에게 부여되는 혜택이라는 것이다. 휘트먼이 제시하는 이러한 '자연발생적' 시학(ars poetica)은 인간과 자연의 면밀하고도 유기적인 관계를 통해서 뒷받침된다. 그는 인간이 자연 속에서 맺는 모든 교류뿐 아니라 인간 특히 "사내들"(men)의 "밤의 은밀함" 자체도 시라고 단언한다. 그의 이러한 단언은 14-15행에서의 "순결한 사랑의 대지, 진정한 삶은 사랑 이후의 삶이다. / 내가 사랑하는 몸, 내가 사랑하는 여자의 몸, 인간의 몸, 지구의 몸"(Earth of chaste love - life that is only life after love, / The body of my love, the body of the woman I love, the body of the man, the body of the earth)이라는 구절과도 그 맥락을 함께 한다. 이 구절은 사랑의 가치뿐만 아니라 인간의 사랑이 거대한 자연 원리에 본능적으로 순응하는 것임에 불과함을 강조한다. 결과적으로 사내들의 "은밀하고 수줍은" 밤은 '꽃을 찾는 벌'과 같은 자연이 부여한 본능에 충실한 밤이니, 그 자체가 시라는 것이다. 그러나 휘트먼이 이 시를 통하여 제시하고 싶은 것은 그의 시가 어떻게 쓰여지는가에 대한 시학을 규명하는 것이 아니라, 어두운 밤의 속성처럼 "은밀하고" "수줍고" "잠복해" 있는 인간의 사랑을 "물푸레나무 꽃들로 빛나는 언덕" 과 "융단처럼 펼쳐진 풀밭"의 밝고 열린 한낮의 공간으로 끌어 내오기 위함이다. 휘트먼은 "진정한 시인이란 먼저 인간을 노래하는 시인, 다음은 자연을 노래하는 시인, 최종적으로는 신을 노래하는 시인이다"(An ideal poet is the poet of man first, then of nature, and finally of God)고 믿는다. 그의 이러한 믿음은 그가 자연 원리에 순응하는 인간의 사랑을 얼마나 신성하게 여기고 있는가를 잘 보여준다. 그리하여 그는 이 시의 말미에서 "자연발생적"으로 탄생한 "나"의 자연스러운 사랑이 낳는 출생을 힘있고 자랑스럽게 선언한다.

> 내가 움츠려들거나 외설스럽다 여기는 저 당연한 천박함을,
> 　새나 동물은 결코 움츠려들지도, 외설스럽게 여기지 않는다.
> 아버지의 가장 위대한 순결함은 어머니의 가장 위대한 순결과
> 　결합하는 것,
> 나의 출산의 맹세는, 나의 최초의 순수한 딸들. (38-41행)

> The consequent meanness of me should I skulk or find myself indecent,
> 　while birds and animals never once skulk or find themselves indecent,
> The great chastity of paternity, to match the great chastity of maternity,
> The oath of procreation I have sworn, my Adamic and fresh daughters,

휘트먼의 동시대에서 오늘날에 이르기까지 시인 휘트먼에 대한 혹평의 가장 중요한 요인 중의 하나는 "외설"이다. 휘트먼과 동시대 인물이며 동성애에 관련된 작품을 주로 쓴 영국의 소설가인 존 시몬즈(John

Symonds: 1840 - 1893)는 그의 작품에는 "정서적, 성적 도착"(emotional and sexual abnormality)이 존재한다고 지적하였으며, 미국의 지리학자인 존 레슬리(John Peter Lesley: 1819-1903)는 휘트먼을 "허세 가득한 얼간이"(a pretentious ass)로 부르고 그의 『풀잎』을 "불경스럽고 음탕한 쓰레기 같은"(trashy, profane & obscene) 책으로 폄하한 바 있다. 그러나 19세기 낭만파 시인의 재평가에 기여한 바 있는 문학 비평가 해롤드 블룸(Harold Bloom: 1930-)은 『풀잎』 출판 150주년을 기념하면서 "만약 당신이 미국인이라면 당신의 상상력을 키운 아버지이자 어머니는 월트 휘트먼이다"(If you are American, then Walt Whitman is your imaginative father and mother)라고 평가 내린 바 있다. 그의 이 평가는 오늘날 시인으로서 휘트먼의 입지를 잘 보여 준다. 블룸의 지적대로 휘트먼이 자신의 시를 통해서 노래하고 싶은 것은 '인간중심적 가치'가 아닌 '자연중심적 가치'가 지배하는 평등과 조화 그리고 다양성이 인정되는 세상이다. 바로 이 점이 휘트먼이 "이 시집은 책이 아니다 / 이 시집을 만진 사람은 사람을 만지는 것이다"(This is no book, Who touches this touches a man, "So Long" 55-56행)며 자신의 시를 인간의 관념적 산물이 아닌 자연물화하는 이유이며, 그가 "미국 최초의 민주주의 시인"(America's first poet of democracy)으로 불리는 이유이기도 하다.

『노트북』에서 노아는 앨리를 보고 첫눈에 반한다. 그의 이 강한 끌림은 휘트먼의 시에서 "필연적으로 잠복해있는 왕성한 남성의 시"에 해당한다. 노아의 왕성한 남성의 시는 부모님이 모든 것을 결정하는 "하고 싶은 것을 하지 못하는" 앨리에게 거칠지만 강렬하게 다가온다. 특히 둘이 도로 한복판 신호등 밑에 눕는 행위는 상류사회의 엄격한 교육을 통하여 자란 앨리에게는 "천박한" 일탈에 해당하지만, 노아에게는 '하고 싶은 것을 하는' 자연스러운 본능인 것이다. 앨리가 노아와 함께

대로변에서 춤을 추는 것은 점차적으로 노아에게 동화되고 있음을 보여준다. 바야흐로 젊은 연인들의 "결코 움츠려들지도, 외설스럽게 여기지 않는" 사랑, 달리 말하자면 "아버지의 가장 위대한 순결함"과 "어머니의 가장 위대한 순결함"이 결합이 시작되는 것이다. 이처럼 영화 속에서 휘트먼의 「자연발생적 나」는 두 연인의 만남과 사랑이 매우 자연스럽고 또한 필연적인 것임을 보여주는데 일조한다.

영화에서 두 번째로 등장하는 휘트먼의 시 「안녕!」("So Long!")이다. 이 시는 노아가 "꿈에 그리던 윈저 저택"을 새로 짓고 난 후 두 사람이 7년 만에 재회하여 함께 밤을 지낼 때 등장한다. 이 시 역시 『풀잎』에 수록된 시로써 휘트먼은 이 시의 도입부에서 "마지막으로, 나는 사후에 오는 것을 선언하노라. / 나는 나의 풀잎들이 솟아오르기 전에 했던 말을 기억하노라, / 나는 성취들에 대하여 강하고 즐겁게 목청을 높였었다"(To conclude, I announce what comes after me. / I remember I said before my leaves sprang at all, / I would raise my voice jocund and strong with reference to consummations)라며 이 시를 통한 그의 의도가 현세에서의 충만한 삶과 이후의 영혼 불멸을 노래하는 것임을 분명히 하고 있다. 그의 이러한 의도는 28-29행에서의 "나는 풍요롭고, 열성적이며, 영적이고, 대담한 생명을 선언하노라. / 나는 가볍고 즐겁게 새로운 변화로 다시 거듭날 종말을 선언 하노라"(I announce a life that shall be copious, vehement, spiritual, bold, / I announce an end that shall lightly and joyfully meet its translation)에서도 또 다시 반복된다. 영화에서는 전체 73행 중 작별 직전에 친구와 교감을 나누는 60-63행이 인용되고 있다.

아 나른하게 내 몸을 다독이는 너의 손길,
이슬처럼 내 주위를 감싸는 너의 숨결,
내 귀를 어루어 달래는 너의 맥박,
나는 머리에서 발끝까지 푹 빠져 든다,
즐거운 충만함에.

충만하구나, 즉흥적이면서도 비밀스러운 행동!
충만하구나, 미끄러져 나가는 현재! 충만하구나, 빼곡한 과거!

친애하는 친구여, 그대가 누구이든, 이 입맞춤을 받으라,
특별히 그대에게 주니, 나를 잊지 마시게,
나는 마치 하루 일을 온전히 마치고 잠시 휴식을 취하는
　일꾼인 듯하구나,
의심 없는 이들이 나를 기다리는 동안에, 나는 지금 다시
　저 하늘을 오르는 나의 화신들로부터 많은 나의 변형들을 받
　아들인다,
내가 상상하던 것 보다 훨씬 더 사실적이고, 직접적인 알 수 없는
　천구(天球)가 내 주변에 생생한 빛을 내 던지는 구나. 안녕!
나의 말을 기억하라, 나는 다시 돌아오려니,
나는 당신들을 사랑한다, 나는 육신을 떠나니,
나는 형체가 없는, 승리를 거둔, 망자(亡子)이니라. (60-73행)

O how your fingers drowse me,
Your breath falls around me like dew, your pulse lulls the tympans of
　my ears,
I feel immerged from head to foot,

Delicious, enough.
Enough, O deed impromptu and secret!
Enough, O gliding present! Enough, O summ'd-up past!

Dear friend, whoever you are, take this kiss,
I give it especially to you - Do not forget me;
I feel like one who has done work for the day, to retire awhile;
I receive now again of my many translations - from my avataras
    ascending - while others doubtless await me;
An unknown sphere, more real than I dream'd, more direct,
    darts awakening rays about me - So long!
Remember my words, I may again return,
I love you, I depart from materials,
I am as one disembodied, triumphant, dead.

이 시의 전체적인 분위기는 작별을 고하는 제목과는 달리 매우 밝고 활기차다. 이는 시를 통하여 충분히 드러나듯이, 죽음을 흔히 영원한 작별이라 여기는 일반적 견해와 달리 휘트먼이 죽음이 또 다른 삶으로 이어진다는 즉, "죽음 속의 삶"(Life-in-death)의 존재를 확신하기 때문이다. 그러나 휘트먼이 믿는 이 환생은 단순히 죽음에 대한 보상이 아니라, "하루 일을 온전히 마친" 인간의 "빼곡하고" "충만한" 삶에 대한 보상이다. 바로 이 충만한 삶이 죽음의 순간에도 "너의 손길" "너의 숨결" "너의 맥박"을 온 몸으로 느끼는 "즐거운 충만함"을 휘트먼에게 제공하고 있는 것이다. 이 시를『풀잎』의 전체적인 맥락에서 보자면, 충만한 삶이란 자연 원리에 충실한 삶을 의미한다. 아울러 죽음 이후의 또 다른 삶은 순환하는 자연의 "주기"(cycle)에 "머리에서 발끝까지 푹 빠져" 들었기에 가능한 것이다. 그리하여 비록 그는 "육신을 떠나" "형체가 없지만" 그가 "승리를 거둔, 망자"임을 선언하는 것은, 한 알의 밀알이 썩어 형체가 없어지지만 다음 봄에 다시 새싹으로 돋아나는 거대한 자연의 순환원리를 믿고 있기 때문이다.

『노트북』에서 7년 만에 재회한 후 노아가 앨리에게 휘트먼의 시「안녕!」을 들려주는 것은 표면적으로는 두 연인이 어린 시절 느꼈던 강렬한 교감을 다시 느끼고 있음을 보여 준다. 시의 내용은 물론 휘트먼의 시 자체 역시 그 시절의 좋은 추억 속에 함께 녹아 있기 때문이다. 동시에 그 어떤 순간에도 앨리를 잊어 본적이 없는 노아는 이 시를 통하여 앨리에 대한 그의 사랑이 '얼마나 강렬한 것이며,' '얼마나 긴 생명력을 지니고 있으며,' 세월에 따라 '얼마나 다양한 모습으로 남아 있는가'를 표현한다. 아울러 전체적인 맥락에서 휘트먼의 시는 두 사람의 사랑이, 마치 다시 돌아오는 계절처럼, 운명적으로 반드시 다시 이루어지리라는 복선(foreshadowing)의 역할을 담당한다. 이 복선은 영화의 결말을 통해서 잘 드러나지만, 노년의 노아가 요양원에서 앨리에게 들려주는 휘트먼의 세 번째 시「영원」("Continuities")을 통해서도 구체화 된다. 영화에서는 전체 10행중에서 1행과 6-7행이 인용되고 있다.

> 그 어느 것도 사라지거나, 사라지게 할 수 없다,
> 그 어떤 탄생이나, 개체나, 형태나, 세상에 존재하는 그 어떤 사물도.
> 삶이나, 힘이나, 눈에 보이는 그 어떤 것도 그러하니,
> 사물의 외양이, 변화하는 계절이 그대를 현혹하지 않기를.
> 광대한 시간과 공간만큼, 광대한 자연의 들판.
> 굼뜨고, 나이 들고, 차가워진 몸도, 희미한 불씨만 남은 모닥불도,
> 희미해진 눈도 마땅히 다시 타 오르리라.
> 저 서녘 노을 속의 태양도 아침과 정오를 위해
> 　또 이어 솟아오른다.

저 언 대지 위에도 봄의 은밀한 기운은 다시 찾아온다,
풀잎과 꽃과 여름의 과일과 곡식들과 더불어.

Nothing is ever really lost, or can be lost,
No birth, identity, form – no object of the world.
Nor life, nor force, nor any visible thing;
Appearance must not foil, nor shifted sphere confuse thy brain.
Ample are time and space – ample the fields of Nature.
The body, sluggish, aged, cold – the embers left from earlier fires,
The light in the eye grown dim, shall duly flame again;
The sun now low in the west rises for mornings and for noons continual;
To frozen clods ever the spring's invisible law returns,
With grass and flowers and summer fruits and corn.

「안녕!」과 마찬가지로 이 시를 지배하는 모티프는 역시 죽음이다. 또한 순환하는 자연 원리를 통하여 죽음을 삶의 한 부분으로 수용하고 있다. 다만「안녕!」이 충만한 삶을 바탕으로 환생이나 윤회를 다소 신화적이고 관념적 측면으로 노래하고 있다면, 이 시는 순환하는 자연과 그 속에서의 인간의 삶의 모습을 좀 더 구체적으로 묘사하고 있다는 점에서 모든 생명체가 지닌 불멸성에 보다 현실적인 느낌을 부여한다. 휘트먼이 미국의 대표적인 '초월주의자'(Transcendentalist) 중의 한사람으로 여겨지는 것은 바로 이러한 모든 생명체의 본질은 시공을 초월하여 영원하다고 믿고 있다는 점에서 비롯된다.

『노트북』에서 노년의 노아는 휘트먼의 시「영원」을 앨리에게 낭송해 주고 난 뒤에, 자신의 병을 지칭하면서 "아프다는 말도 이젠 상대적인 개념이 됐죠. 일종의 닳아지는 과정으로 보고 있죠"(The sickness has become a relative term for me. I think of it now as more a general wearing out process)라고 언급한다. 그의 이 말은 그가 순환하는 자연 원리에 순응하고 있다는 점과, 환생까지는 아닐지라도, 적어도 앨리와의 사랑은 결코 "사라지거나, 사라지게 할 수 없다"는 것만큼은 확신하고 있음을 보여준다. 노아가 지닌 이 '영원한 사랑'은, 어머니를 포기하고 집으로 돌아오라는 자식들의 부탁에 "네 어머니가 나의 집이다"(Your mother is my home)는 짧은 언급에서 보다 극명하게 드러난다. 한 침대에서 세상을 뜬 두 연인은 다시 찾아오는 "봄의 은밀한 기운"처럼 영원한 사랑 속에서 다시 살아나 "광대한 자연의 들판"에서 "풀잎과 꽃과 여름의 과일과 곡식들과 더불어" 그들의 집을 지을 것이다.

『흠결 없는 마음의 영원한 햇살』
(*Eternal Sunshine of the Spotless Mind*)과
포프(Alexander Pope)의
「엘로이사가 아벨라드에게」(“Eloisa to Abelard”)

『흠결 없는 마음의 영원한 햇살』(*Eternal Sunshine of the Spotless Mind* 2004)

- 감독: 미셸 공드리(Michel Gondry)
- 출연: 짐 캐리(Jim Carrey) ……………… 조엘(Joel)
  케이트 윈슬렛(Kate Winslet) ……… 클레멘타인(Clementine)
  톰 윌킨슨(Tom Wilkinson) ……… 하워드(Howard)
  커스틴 던스트(Kirsten Dunst) …… 매리(Mary)
  엘리야 우드(Elijah Wood) ………… 패트릭(Patrick)
  마크 러팔로(Mark Ruffalo) ……… 스탠(Stan)

한국에서는 단순히 『이터널 선샤인』으로 소개된 "*Eternal Sunshine of the Spotless Mind*"는 알렉산더 포프(Alexander Pope: 1688 - 1744)의 시 「엘로이사가 아벨라드에게」("Eloisa to Abelard") 의 한 구절에서 따온 것으로 직역하면 『흠결 없는 마음의 영원한 햇살』이다. 이 영화로 감독 공드리와 찰리 카우프만(Charlie Kaufman), 피에르 비스무쓰(Pierre Bismuth)는 공동으로 2004년 아카데미 각본상(Best Original Screenplay)을 수상한 바 있다. 이 작품에 대한 비평가들의 평가는 매우 긍정적이다. 에버트(Roger Ebert)는 이 작품을 그의 "위대한 영화 목록"(Great Movies series)에 첨가하였으며, 뉴욕 타임스의 미첼(Elvis Mitchell)은 "사랑하기보다 경의를 표하게 만드는 영화"(it's a movie you admire more than love)라는 호평을 내린 바 있다. 호너데이(Ann Hornaday)는 이 작품을 "사랑의 불가피한 불완전성을 그린 완벽한 영화"(the perfect movie about love's inevitable imperfections)로 평가한다. 이처럼 남녀의 사랑을 다룬 "로망스"로 분류될 수 있는 이 작품에 대한 호평들 가운데 한 가지 공통적인 것은 이 작품이 단순한 사랑이야기를 초월하고 있다는 점이다. 그라우(Christopher Grau)는 이 작품을 "2004년에 나온 최고의 작품이자 가장 많은 생각을 불러일으키는 작품"(the best and most thought-provoking film of 2004)로 평가한 바 있다. 한편 이 작품을 "2000년대 최고의 영화"(the number one film of the 2000s)로 평가한 『어니언스 오디오비주얼 클럽』(*The Onion's AV Club*)은 이 작품을 "지금 우리가 누구인지 그리고, 좋아지던지 혹은 나빠지던지 간에, 미래에 우리는 또 어떻게 될 것인지를 보여주는 진귀한 영화"(It's the rare film that shows us who we are now and who we're likely, for better or worse, forever to be)로 설명한다. IMDB(Internet Movie Database)는 이 작품의 '줄거리를 구성하는 핵심어'(Plot keyword)의 첫 번째와 두 번째를 각각 "기억"(Memory)과 "사랑"(Love)을 꼽고 있다. 이를 통하여 알 수 있는 것처럼, 『흠결 없는 마음의 영원한 햇살』이 사랑이야기를 통하여 인간의 본질에 대한 보다 진지한 성찰을 가능하게 하는 가장 큰 이유는 바로 인간의 "기억"을 다루고 있기 때문이다.

『흠결 없는 마음의 영원한 햇살』에는 '조엘과 클레멘타인'을 중심으로 '매리와 하워드' 그리고 '패트릭과 클레멘타인'에 관련된 기억의 이야기들이 존재한다. 조엘과 클레멘타인의 이야기를 이해하기 위해서는 먼저 '매리와 하워드' 그리고 '패트릭과 클레멘타인'에 관련된 보조적인 기억의 이야기들이 필수적이다. 먼저 매리와 하워드의 경우 그들이 사랑했었다는 기억을 간직하고 픈 욕구가 그 누구에게도 존재하지 않는다. 매리가 자신의 기억 속에서 하워드를 지워내려는 가장 큰 목적은 그와는 아무런 상관이 없는 "새로운 출발"(get past)을 원하기 때문이다. 또한 하워드 역시 자신의 가정과 회사를 지키려는 현재와 미래를 위한 목적이 있었기 때문에 매리와의 과거는 그다지 중요한 것이 아니다. 그들의 관계가 끝나고 매리가 회사의 기밀사항을 모든 고객들에게 보낸다는 것은 매리는 물론 하워드의 파멸을 의미한다. 물론 이 모든 것이 매리의 분노로 비롯된 것이지만, 과거와의 단절이 현재와 미래에 어떤 방식으로 작용하는지를 보여주는 한 가지 예로 작용한다. 이와는 정반대의 경우가 패트릭과 클레멘타인의 경우이다. 패트릭은 클레멘타인의 미모에 반하지만 그 자신이 이성에게 호감을 줄만한 매력이 없다는 사실을 안다. 그리하여 그는 그녀가 기억을 삭제하는 과정에서 그녀의 소중한 기억들과 그녀가 좋아하는 것들을 훔쳐 낸다. 이러한 것들을 통하여 패트릭은 클레멘타인에게 쉽게 접근할 수 있지만, 자신이 가장 원하는 순간에 가장 원하는 것을 받는 그녀의 반응과 표정은 과거 조엘과의 관계에서 보이던 것과는 매우 다르다. 몬타우크(Montauk) 바닷가에서 그녀가 조엘을 처음 만나던 때, 그녀는 일행과 떨어져 혼자 앉아있는 조엘에게 동질감을 느낀다. 그리고는 그의 치킨 조각을 허락도 없이 집어 먹는다. 다분히 즉흥적이지만 이러한 그녀의 방식을 조엘은 좋아하고 자연스럽게 두 사람은 사랑하게 되고 흐르는 시간과 더불어 사랑의 기억으로 남게 되는 것이다. 따라서, 일방적일 수밖에 없는 패트릭과 그녀와의 관계는 진전되기도 어렵고 그리하여 클레멘타인의 기억 속에 쌓이는 것도 불가능하다. 우리는 우리가 행하는 행위들이 시간이 지남에 따라 기억 속에 쌓이는 것을 매우 자연스러운 것으로 간주한다. 그러나 과거의 기억 한 부분을 떼어내어 현재에 재생 반복하는 패트릭과 클레멘타인의 경우에서 보이는 것처럼, 흐르는 시간을 통하여 우리의 행위를 매듭지어주는 기억이 한 사람의 정체성은 물론 사람들 사이의 관계 형성에 얼마나 중요한 것인가를 보여준다. 매리와 하워드의 경우에서 하워드는 매리의 기억을 지우려하고, 반면에 패트릭과 클레멘타인의 경우에서 패트릭은 지운 클레멘타인의 기억을 다시 살리려 한다. 그러나 두 경우 모두 과거의 행적을 담은 기억이 오늘의 나와 미래의 나를 결정짓는 매우 중차대한 것이라는 성찰이 없다.

다만 개별적인 욕망과 이해관계로 그 기억들을 이용한다. 따라서, 빈약한 과거를 토대로 한 두 경우 모두 불확실한 현재와 미래를 지닐 수밖에 없다.

버그만(Anthony Bergman)은『흠결 없는 마음의 영원한 햇살』을 "이 작품의 어떤 부분은 즐겁지만, 또 어떤 부분은 고통스럽다. 인간관계라는 것이 얼마나 연약하고 불안정한가를 지켜보아야하기 때문이다. 이것은 역순으로 되짚어 가는 사랑이야기이다"(Some of this is hilarious, and some of it is painful; you see how frail and unstable relationships actually are. It's a love story in reverse)고 밝히고 있다. 그의 지적대로 조엘과 클레멘타인의 이야기는, 하워드나 패트릭의 경우와는 달리, 사랑이야기이다. 영화에서 역순의 시간 배열로 드러나는 현재에서 과거로 기억을 지워내는 과정은 아이러니컬하게도 그들이 얼마나 사랑했는가를 보여준다. 그리고 그들이 서로 기억을 지워내지만 그 사랑의 기억 속에서 결코 벗어날 수 없다는 사실은 이 작품의 제목을 제공한 포프의 시「엘로이사가 아벨라드에게」를 통해서도 암시된다. 이 시는 총 366행의 장시이지만 영화에서는 207행에서 210행만 인용되고 있다.

> 여신을 모시는 순결한 처녀는 얼마나 행복할까!
> 세상을 잊은, 또한 세상에도 잊혀진,
> 흠결 없는 마음의 영원한 햇살,
> 모든 신성한 기도는 받아지고, 모든 세속적 소망은 포기한 처녀
> (207 - 210행)

> How happy is the blameless vestal's lot!
> The world forgetting, by the world forgot;
> Eternal sunshine of the spotless mind,
> Each prayer accepted, and each wish resign'd;

「엘로이사가 아벨라드에게」는 1717년에 포프가 발표한 시로, 내용은 12세기 프랑스의 엘로이즈(Héloïse d'Argenteuil: 1101 - 1164)와 철학자이자 신학자인 아벨라드(Pierre Abélard: 1079 - 1142)의 유명한 사랑이야기를 토대로 하고 있다. 당시는 사제 간의 사랑은 물론 신학자들은 결혼 자체를 엄격하게 금했던 시기였기 때문에, 사제 간으로 만나 아이까지 낳은 두 사람의 사랑이야기는 엄청난 충격이었다. 이후 둘은 비밀리에 결혼을 하였으나, 엘로이즈 집안의 철저한 보복으로 아벨라드는 거세(去勢) 당하게 된다. 결국 아벨라드는 수도원으로 들어가고 엘로이즈에게도 수녀원으로 들어갈 것을 권한다. 엘로이즈는 그의 말을 따르지만, 원치 않는 이별과 신앙보다는 그와의 사랑이 늘 먼저인 수녀원의 생활은 그녀에게 커다란 고통이다. 세월이 지난 후에 그녀는 아벨라드에 대한 자신의 애정을 담은 편지형식의『내 비운의 역사』(*Historia Calamitatum*[21])를 완성한다. 포프의 시는 바로 이 책의 내용을 토대로 시인 자신의 영감을 가미하여 시로 옮긴 것이다. 인용된 부분은 엘로이사가 수녀원에 들어온 자신의 처지를 "베스타의 제녀(祭女)"(Vestal Virgin)에 비교하며 한탄하는 부분이다. 베스타의 제녀는 로마 종교에서 화로(火爐)의 여신 "베스타"(Vesta)에 대한 공식 의식을 집전하는 6명의 여 사제를 의미한다. 대사제가 6~10세의 소녀들 중에서 골라 뽑은 이 여 사제들은 30년 동안 베스타를 섬겨야 했으며, 그동안 처녀성을 지켜야 했다. 임기가 끝나면 결혼할 수 있었지만 결혼하면 불행해진다고 생각했기 때문에 실제로 결혼한 사람은 거의 없었다. 베스타의 제녀가 의무를 다하지 못하면 태형을 받았고, 순결의 맹세를 저버리면 생매장 당했다. 엘로이즈는 자신이 수녀원에 들어 왔음에도 "나의 눈길은 십

21) 영어로는 *History of My Misfortunes.*

자가가 아닌, 당신(아벨라드)에게 향해 있어요"(Not on the Cross my eyes were fix'd, but you., 116행)라는 심경 고백에서 드러나는 것처럼, 아벨라드에 대한 여전한 애정을 지니고 있다. 사회적 관습과 종교적인 신앙마저도 그녀의 마음속에 자리 잡은 사랑을 막지 못하지만, 그 사랑을 이룰 수 없는 그녀가 처한 환경은 그녀에게 아벨라드의 "그 익숙한 이름이 나의 모든 고통을 일깨우는구나. / 영원한 즐거움이자, 영원한 슬픔의 이름"(That well-known name awakens all my woes. / Oh name for ever sad! for ever dear., 30-31행)으로 만든다. 따라서 세상과 철저히 분리되어 아무 갈등도 없이 여신만을 섬기는 베스타의 제녀들을 그녀는 "영원한 햇살"을 구가하는 "흠결 없는 마음"이라며 부러워하는 것이다. 그녀와 달리 제녀들은 언제나 수용되는 신을 향한 "신성한 기도"를 드릴 수도 있으며, 또한 그녀와는 달리 제녀들은 모든 세속적인 "소망"들을 언제든지 포기할 수 있기에 더욱 부러운 대상이기도 하다.

엘로이즈는 수녀원에 들어온 후에도 "그대의 사랑을 잃는 것은 나의 모든 것을 잃는 것"(And if I lose thy love, I lose my all., 118행)이라며 그녀가 얼마나 아벨라드를 사랑하는 가를 분명히 한다. 그녀의 사랑은 또한 스스로 순결하지도 않으며 제녀나 수녀가 될 수 도 없다는 고백을 통하여 역설적으로 드러난다. 이러한 역설은 이룰 수 없는 사랑에 대처하는 그녀의 선택으로도 드러난다. 그녀는 "신을 향할 수 있도록 아벨라드에 대한 나의 상념을 멈추어 주세요"(And make my soul quit Abelard for God., 128)라고 기원하지만, 이내 "죽음, 죽음만이 이 벗을 수 없는 족쇄를 끊어낼 수 있다"(Death, only Death can break the lasting chain , 173)고 속내를 밝힌다. 그녀에게 이 죽음은 현실세계와 육신을 벗어난다는 것보다는 '망각'을 제공해 준다는 점에서 더 큰 의미를 지니고 있다. 그녀가 "깊게 근심하지 않는 성스러운 망각"(Divine Oblivion of low-thoughted care!, 298행)이라고 망각에 종교적 의미까지 부여하는 것은 "사랑하는 연인이 알게 되는 모든 고통 중에서 / 가장 힘든 것은 잊는 것"(Of all affliction taught a lover yet, / 'T is sure the hardest science to forget!, 189-190행)이라는 사실을 알기 때문이다. 따라서 그녀의 죽음에 대한 명상은 망각과 밀접하게 연결되어 있다.

> 허나 이 영원한 잠 속엔 평온함만이 존재하겠지,
> 이곳에선 슬픔이 신음을 잊고, 사랑은 눈물을 잊겠지.
> 심지어 미신마저도 두려움을 잊겠지
> 인간이 아닌, 신께서 이곳에서의 우리의 허물들을 용서하실지니.
> (313-316행)
>
> But all is calm in this eternal sleep;
> Here grief forgets to groan, and love to weep;
> Ev'n superstition loses ev'ry fear:
> For God, not man, absolves our frailties here.

그리하여 엘로이사는 아벨라드에게 죽음이 그들을 갈라놓은 후 "그때는 그대가 한때 사랑했던 나를 보아 주세요! / 그때는 그대가 나를 기쁨으로 보는 것이 죄는 아닐지니"(Ah then, thy once lov'd Eloisa see! / It will be then no crime to gaze on me., 329-330행)라고 부탁한다. 이러한 부탁은 죽음이나 망각을 통한 그녀의 기원이 그를 잊는 것이 아니라 아무런 장애 없는 영원한 사랑을 누리고 싶다는 것을 의미한다. 이 점은 시의 마지막에 "미래의 시인"(some future bard, 359행)에게 드리는, "잘 지어진 고통의 노래는 슬픈 나의 망령을 달래줄 것이요. / 그 고통을 가장 잘 느낀 이가 가장 잘 묘사할 것이요"라는 부탁으로 잘 드러난다. 이 부탁을 통하여 엘로이사는 사랑을 가장 잘 묘사하는 시인을 통하여 자신들의 사랑이 영원히 살아남기를 바란다.

『흠결 없는 마음의 영원한 햇살』에서 클레멘타인이 조엘과의 기억을 지워내는 것은 엄밀히 말해 사랑하는 사람에게 행하는 일종의 배신이다. 그럼에도 불구하고 이 작품이 사랑이야기인 것은 그들을 통하여 연인들의 의지와 관계없이 움직이는 '사랑의 원리'를 보여주고 있기 때문이다. 비록 "기억삭제"(Targeted memory erasure)라는 설정이 오늘날의 과학으로는 아직 불가능한 것이기는 하지만, 클레멘타인이 자신의 기억 속에서 조엘을 지워내려는 것은 그녀의 성격과 두 사람이 함께 한 세월에 비추어 보아 사랑하는 연인들의 일반적인 과정에서 크게 벗어나 보이지 않는다. "그(조엘)가 지루해졌어요. 그것이면 누군가를 지워낼 충분한 이유가 되겠지요?"(He's boring. Is that enough reason to erase someone?)라는 클레멘타인의 언급은 함께한 세월이 오래된 연인들이 풀어야 할 영원한 숙제이기도 하다.

> 과거의 나와 현재의 나를 비교해 보면, 그 사람 때문에 제가 많이 변한 걸 느껴요. 제 스스로가 역겨울 뿐더러, 그 사람하고 같이 있으면 제 자신이 싫어져요. 그를 보는 것조차 힘들어요. (조엘의) 그 동정하는 듯한, 고리타분하고, 비굴한 미소는 견디기 어려워요.
>
> I've been thinking lately how I was before and how I am now, and it's like he changed me. I feel like I'm always pissy now. I don't like myself when I'm with him. I don't like myself anymore. I can't stand to even look at him. That pathetic, wimpy, apologetic smile.

조엘은 그녀에게 더 이상 삶의 활력을 위한 신선한 자극이 되지 못한다. 그저 연인이기에 함께 하는 것에 불과하다. '시간을 초월하려는 사랑'이 '시간의 지배를 받는 인간의 현실' 속에 존재하기 때문에 생겨나는 내재적이며 필연적인 갈등인 것이다. 소설가이자 노벨평화상 수상자인 비젤(Elie Wiesel: 1928 -)은 "사랑의 반대말은 미움이 아닌, 무관심이다. 아름다움의 반대말은 추함이 아닌, 무관심이다. . . 삶의 반대말은 죽음이 아닌 삶과 죽음 사이의 무관심이다"(The opposite of love is not hate, it's indifference. The opposite of beauty is not ugliness, it's indifference. . . And the opposite of life is not death, but indifference between life and death)라고 말한 바 있다. 클레멘타인과 조엘 그리고 모든 오래 된 연인들이 겪게 되는 모든 갈등의 발단은 바로 이 시간과 더불어 오는 익숙함 그리고 무관심에서 비롯된다. 따라서 뒤집어 보면 바로 이 시점이 정확하게 사랑하는 연인들에게 그 사랑의 지속을 위하여 서로의 배려와 노력이 요구되는 시점이기도 하다.

『흠결 없는 마음의 영원한 햇살』은 지속적인 사랑을 위하여 연인들의 노력이 요구되는 시점에 서로에 대한 기억을 지워버림으로써 현실보다 더 솔직하다. 그러나 이러한 솔직함은 '쉽게 만나고 쉽게 헤어지는' 오늘날의 세태를 반영하기 보다는, 긴 세월 동안 사랑 위에 쌓여 사랑 자체를 진부하게 만든 해묵은 먼지를 떨어내는 과감한 솔직함이다. 우리는 이 과정과 결과를 조엘을 통해서 보게 된다. 영화는 조엘이 과거를 지워내는 과정을 마치 상처 위에 난 딱딱해진 딱지를 떼어내는 것처럼 고통스럽게 보여 준다. 그만큼 사랑이 우리의 삶 속에서 굳어버린 딱지처럼 무덤덤하게 일상화되었다는 것이다. 조엘의 기억 삭제는 클레멘타인이 자신의 기억을 지웠다는 사실에 대한 분노로 시작하지만, 시간을 거스르는 역행을 통하여 그는 클레멘타인과 자신이 얼마나 사랑했던가 그리고 서로가 얼마나 소중한 사람이었던가를 깨닫게 된다. 그러나 이러한 깨달음은 그들 사이에 존재하지 않았던 전혀 새로운 것에 대한 깨달음은 아니다. 단지 함께 오래함으로써 생긴 익숙함과 무관심만 걷어 내면 보이는 것이다. 따라서 오래된 연인들이 겪는 갈등의 문제는 과거가 아닌 현재를 통하여 극복해야 하는 것이다. 포프의 시 「엘로이사가 아벨라드에게」에서 엘로이사는 자신의 사랑 이야기가 고통스러운 기억들을 끄집어내지만 결코 그 기억들을 망각하거나 지우려 하지 않는다. 대신에 그녀는 그 모든 것들을 있는 그대로 받아들인다. 그녀는 이를 그녀의 고백 첫머리부터 털어놓는다.

> 천상의 깊은 명상이 머물고
> 명상 속에 우울함이 깃든
> 이 깊은 외로움과 무서운 골방 같은 수녀원 속에서
> 처녀의 온 몸에 솟구치는 이 격정은 무엇인가?
> 왜 나의 상념은 이 최후의 은신처까지 넘어 방황하는가?
> 왜 나의 심장은 오래전에 잊혀진 열정을 느끼는가?
> 그래, 나는 여전히 사랑하고 있어, 아벨라드를,
> 엘로이사는 여전히 그 이름에 입 맞추어야 해. (1-8행)

> In these deep solitudes and awful cells,
> Where heav'nly-pensive contemplation dwells,
> And ever-musing melancholy reigns;
> What means this tumult in a vestal's veins?
> Why rove my thoughts beyond this last retreat?
> Why feels my heart its long- forgotten heat?
> Yet, yet I love! - From Abelard it came,
> And Eloisa yet must kiss the name.

엘로이사는 "나는 여전히 사랑하고 있어"라며 고통스럽지만 그녀의 사랑을 철저히 수용한다. 그녀의 사랑을 둘러싼 열정과 고통 등등의 모든 기억들이 현재의 그녀를 이루는 것이기 때문이다. 『흠결 없는 마음의 영원한 햇살』에서 조엘과 클레멘타인은 서로에 대한 기억을 모두 지워낸 후에 그들이 처음 만나던 곳에서 다시 만난다. 이 장면의 개연성은 현실 세계의 우연의 확률을 초월한다. 이는 우연이 아니라 정서적인 끌림이기 때문이며, 이를 통하여 우리는 인간이 어떻게 '마음에 드는 사람'을 만나 사랑을 하게 되는가를 이해하게 된다. 특히 조엘과 클레멘타인이 모든 사실을 알게 된 후에 곧 서로를 지루해할 것을 알면서도 다시 사랑을 시작하는 것은 그들이 사랑의 속성을 보다 정확하게 이해하기 시작한다는 것을 의미한다. 영화는 조엘과 클레멘타인이 서로 "괜찮아요"(Okay)를 반복하며 끝이 난다. 사랑은 시간과 더불어 조금씩 그 색을 잃어가지만 결코 지우거나 망각해야할 것이 아니라 "괜찮다"며 서로를 도닥거리며 받아들여야 한다는 것이다.

『숙녀살해범들』(*The Ladykillers*)과 포우(Edgar Allen Poe)의 「헬렌에게」(“To Hellen”)

『숙녀살해범들』(*The Ladykillers* 2004)

- 감독: 에단 코엔(Ethan Coen), 조엘 코엔(Joel Coen)
- 출연: 톰 행크스(Tom Hanks) …………… 도어(Goldthwaite Higginson Dorr),
  이르마 홀(Irma P. Hall) …………… 마바 먼슨(Marva Munson),
  마론 웨이언스(Marlon Wayans) … 거웨인 맥샘(Gawain MacSam),
  시몬스(J. K. Simmons) …………… 가스 팬케익(Garth Pancake),
  트지 마(Tzi Ma) …………………… 장군(The General)
  라이언 허스트(Ryan Hurst) ……… 럼프(Lump)

『숙녀살해범들』은 윌리암 로스(William Rose)가 각본을 쓰고 영국의 얼링 스튜디오(Ealing Studios)에서 1955년에 알렉산더 메켄드릭(Alexander Mackendrick) 감독이 제작한 동명의 작품을 2004년에 코엔 형제가 개작한 것이다. 알렉 기네스(Alec Guinness)가 악당 두목 역할을 하고 케이티 존슨(Katie Johnson)이 노부인 역할을 한 1955년 작품은 이후 "블랙 코미디"(black comedy)의 전형으로 여겨질 정도의 찬사를 받았다. 그러나 코엔 형제의 작품은 "메타크리틱"(Metacritic)에서 100점 만점에 56점을, "로튼 토마토"(Rotten Tomatoes)에서는 55점(55%)을, IMDB에서는 61점이라는 비교적 낮은 평가를 받는 데 그쳤다. 그러나 이 작품이 코엔 형제가 함께 작업한 최초의 작품이며 이후 날 선 유머와 기발한 이야기로 유명하게 되는 코엔 형제를 감안 할 때, 이 작품 역시 저급한 화장실 유머가 난무하는 '익살희극'(slapstick)으로만 치부하기는 어렵다. 일반적으로 블랙 코미디의 덕목은 인간 현실 속에서의 쓰라림 혹은 진지함 등이 웃음과 결합할 때 생겨난다. 이 작품에서 표면적으로 드러나는 가장 큰 웃음의 코드는 다섯 범죄자들이 벌리는 카지노의 현금 강탈이라는 범행과 그 범행을 저지르는 과정에서 전문가를 자임함에도 불구하고 보이는 서투름과 그 서투름으로 생겨나는 돌발상황이 빚는 갈등에서 생겨난다. 이런 점에서 코엔형제의 이 작품은 긍정적 평가를 받기 어렵다. 특히 노부인 먼슨을 살해하려다 뻐꾸기시계 소리에 놀라 급사하는 장군과 까마귀가 앉으며 부러진 석상에 맞아 죽는 도어의 장면은 설득력이나 웃음을 제공하기보다는 인과응보라는 강박관념에서 생겨난 인위적 귀결로 비추어지기까지 한다.

『숙녀살해범들』에서 코엔형제가 공을 들이고 있지만 범죄자들의 야단법석에 묻혀 놓치기 쉬운 부분은 '숙녀 대 숙녀살해범'이라는 대립구도이다.[22) 지면의 절반을 차지하고 있는 먼슨 부인의 뒷모습과 다섯 범죄자들을 대치시킨 영화의 포스터에 이러한 대립구도는 함축적으로 잘 드러나 있다. 한편 행크스 역시 여러 번의 인터뷰에서 "이 작품은 자칭 킬러들을 되받아칠 만만찮은 여성이 있어야 해요"(*The Ladykillers* needs a formidable woman to counter the would-be "killers")라며 노부인 먼슨의 역할을 강조한 바 있다. 신앙심이 깊은 먼슨 부인과 다섯 범죄자들의 대립구도가 각각 선과 악을 대변하고 있다는 것은 자명하다. 이점은 일당의 범죄 행위가 발각되었을 때, "둘 중에 하날 선택해요. 교회에 가던지, 감옥에 가던지"(Now, you can double talk all you want. It's church or the county jail)라는 먼슨 부인의 언급을 통해서도 극명하게 드러난다. 선과 악이라는 이들의 대립구도를 먼슨 부인을 중심으로 보면, 선과 악의 이면에 또 다른 대립구도를 포함하고 있음을 알 수 있다. 이 점은 그녀가 첫 장면에서 옆집 꼬마아이가 듣는 시끄러운 힙합음악을 막아달라고 경찰서를 방문했을 때 드러난다. 그녀의 불평은 그녀가 힙합음악의 시끄러움뿐 아니라 '흑인'(the colored folks)을 '깜둥이'(niggers)라 부르는 저급한 언어들에도 분개하고 있다. 이 점은 욕설을 입에 담고 사는 거웨인 맥샘의 뺨을 때리는 장면에서도 잘 드러난다. 저급한 대화와 욕설이 난무하는 이러한 시대를 보는 그녀의 시선은 견고한 신앙을 토대로 하고 있다.

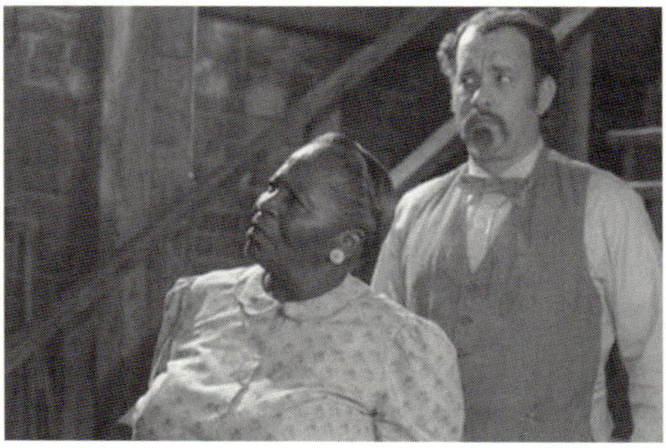

22) 이 영화가 좋은 평가를 받지 못한 가장 큰 이유 중의 하나는 톰 행크스의 능청스러운 연기와 범죄자들의 시끌벅석한 소동 등에 의하여 먼슨 부인이 비중이 가려지고 그로 인하여 이들의 대립구도가 두드러지지 않는다는 점에 있다 할 수 있다.

벌써 예수가 탄생한지 2000년이 흘렀고, 마틴 루터 킹이 죽은 지도 30년도 넘었어요! 몬텔의 시대라구요!

2000 years after Jesus! 30 years after Martin Luther King! The age of Montel!

그녀의 언급에서 몬텔은 맥락상 "몬텔 윌리암스 쇼"(The Montel Williams Show)로 대변되던 당대에 유행하던 선정적이고 자극적인 소위 '타블로이드 토크쇼'(tabloid talk shows)를 지칭한다. 그녀와 같이 신앙심이 깊은 보수층에서는 이러한 토크쇼를 "쓰레기"(Trash Radio or TV)라고 부른 바 있다. 욕설과 음탕한 이야기가 공중파에서 난무하는 시대의 병폐를 먼슨 부인은 예수님의 희생과 마틴 루터 킹의 숭고한 가치관에서 사람들이 멀어졌기 때문으로 보고 있다. 그리하여 그녀는 힙합음악을 "쓰레기"(trash)라고 부르며, "보라 우리 가운데 이방인이 존재하여 ... 언젠가 우리를 파멸시키리라"(Behold there's a stranger in our midst ... come to destroy us)라고 사도 요한(St. Paul)의 말을 인용한다. 이러한 그녀의 일관적인 태도는 그녀가 원리주의적 신앙에 순응하는 과거 지향적 인물임을 보여준다. 따라서 '숙녀 대 숙녀살해범'의 대립구도 저변에는 '과거의 순수 대 현재의 타락'이라는 대립구도가 공존하고 있음을 알 수 있다. 영화에서 아름답게 흐르는 미시시피 강 한가운데 존재하는 거대한 쓰레기 섬은 이러한 대립구도와 오늘날의 시대 상황을 암시적으로 보여준다.

『숙녀살해범들』에서 먼슨 부인이 순수한 과거의 인물을 대변한다는 사실은 도어가 먼슨 부인에게 암송해 주는 에드가 앨런 포우(Edgar Allan Poe: 1809 - 1849)의 시「헬렌에게」("To Hellen")를 통해서도 암시적으로 드러난다.

헬렌이여, 그대 아름다움은 마치
그 옛날 니케아의 돛단배 같아라,
방랑에 지친 나그네를 태우고
향기로운 바다를 건너 친절하게
고향의 바닷가로 실어다 주던.

그대의 히야신스 같은 머리카락, 우아한 얼굴,
물의 요정과도 같은 그대의 자태는
거친 바다를 오래 헤매던 나를
그 옛날 그리스의 영광,
로마의 장엄함으로 인도하네.

오! 저 눈부신 창가에서
손에 보석 향불을 들고
조각처럼 서 있는 그대를 보네,
아, 그대는 성스러운 나라에서 온
프시케!

Helen, thy beauty is to me
Like those Nicean barks of yore
That gently, o'er a perfumed sea,
The weary, way-worn wanderer bore
To his own native shore.

On desperate seas long wont to roam,
Thy hyacinth hair, thy classic face,
Thy Naiad airs have brought me home
To the glory that was Greece,
And the grandeur that was Rome.

Lo, in yon brilliant window-niche
How statue-like I see thee stand,
The agate lamp within thy hand,
Ah! Psyche, from the regions which
Are Holy Land!

제랄드(Kennedy, J. Gerald)는 이 시에서 "포우가 여성의 양육력을 찬사하고 있다"(Poe is celebrating the nurturing power of woman)고 본다. 마치 어머니가 배고픈 아이에게 젖을 물려 허기를 채워주듯, 여성은 '우아함에서 멀리 떨어진 어두운 곳을 헤매는 지친 나그네'(남성)를 '장엄한 영광의 빛 그득한 고향'으로 인도한다는 것이다. 이런 점에서 세상에서 가장 아름다운 여인으로 알려졌으며 또한 빛의 여신인 헬렌(Hellen)과 '신선한 물(fresh water)의 요정들인 나이애드(Naiads) 그리고 에로스(Eros)의 부인이자 인간의 영혼을 담당하는 프시케(Psyche)의 설정은 상대적으로 무감각하고 거친 세상사에 시달리는 남성을 감안하면 적절하다.

그러나 포우의 시를 보다 정확하게 이해하기 위해서는 그의 전기적 배경이 필수적이다. 특히,「헬렌에게」를 포함하여「아나벨 리」("Annabel Lee"),「르노어」("Lenore"),「울라룸」("Ulalume") 등등의 아름다운 여성이 등장하는 초현실적이고 몽환적인 시들은 더욱 그러하다. 어린나이에 고아가 된 포우를 평생 괴롭혔던 것은 경제적 궁핍이었다. 글을 쓰는 것 이외에는 그 어떤 것도 할 수 없었던 포우는 극도의 가난 속에서도 1835년에 사촌 버지니아 클렘(Virginia Clemm)과 결혼한다. 이때 그의 나이는 26살이었고 클렘은 13살 이었다. 부부의 생활고는 병약한 클렘으로 인하여 가중되었으며, 포우의 폭음은 이 무렵에 시작되었다고 알려져 있다. 1847년에 클렘은 끝내 폐렴으로 사망한다. 위크스(Karen

Weekes)는 「포우의 여성적 이상」(“Poe’s Feminine Ideal”)에서 그녀의 죽음이 그의 작품에 등장하는 빈번한 주제들 특히 “아름다운 여성의 죽음”(death of a beautiful woman)으로 드러난다고 주장한다. 이런 점에서 포우의 시 중 가장 잘 알려진 「아나벨 리」는 그의 시 전반에 흐르는 특징과 주제를 파악하는 데 매우 유용하다.

> 옛날 옛날에
> 바닷가 옆 이 왕국에,
> 아나벨 리라는 이름을 가진
> 한 처녀 하나가 살았지요,
> 그녀는 나를 사랑하고 나로부터
> 사랑받는 것 이외에는 아무것도 몰랐지요.
>
> 그녀도 어렸고 나도 어렸지요
> 바닷가 옆 이 왕국에서,
> 우린 사랑 그 이상의 사랑했지요
> 나와 나의 아나벨 리는,
> 하늘 위의 날개달린 천사도 우릴
> 시샘할 정도로 사랑했지요.
>
> 바로 그것이, 오래 전
> 바닷가 옆 이 왕국에,
> 구름에서 불어온 바람이, 나의 아름다운
> 아나벨 리를 싸늘히 식혀버린 이유였지요. (1-16행)

> It was many and many a year ago,
> In a kingdom by the sea,
> That a maiden there lived whom you may know
> By the name of ANNABEL LEE;

And this maiden she lived with no other thought
Than to love and be loved by me.

I was a child and she was a child,
In this kingdom by the sea;
But we loved with a love that was more than love-
I and my Annabel Lee;
With a love that the winged seraphs of heaven
Coveted her and me.

And this was the reason that, long ago,
In this kingdom by the sea,
A wind blew out of a cloud, chilling
My beautiful Annabel Lee

이 시에서 시인은 '사랑하는 아름다운 연인의 죽음'을 이겨내기 위하여 다양한 장치를 사용하고 있다. 먼저 가장 두드러지는 장치는 운율을 구성하는 수사학적 장치로써, 시인은 '[ou]'와 '[i:]'의 장모음을 중심으로 '[t],' '[d]' 등의 단자음을 삽입하여 파도의 들고 나가는 흐름을 구현하고 있다. 이러한 운율 체계는 시의 음악성은 물론 파도가 지닌 불멸의 영원성을 통하여 필멸하는 인간의 죽음을 초월하려는 시인의 의도를 동시에 내포하고 있다. 사랑하는 연인의 죽음을 이겨내려는 시인의 의도는 "옛날 옛날에"로 시작하는 '동화'(fairy tale)적 구성에서도 볼 수 있다. 거의 모든 동화의 결말은 '그리고 그들은 행복하게 오래 오래 살았답니다'(And they lived happily ever after)라는 해피엔딩이다. 따라서 시인은 자신과 연인을 동화 속의 왕자와 공주로 설정하고, 그로 연상되는 행복한 결말을 통하여 사랑하는 연인의 죽음을 희석시키고 있는 것이다. 결과적으로 포우는 죽음이라는 인간의 현실 중에서 가장 쓰라린 사건을 인간의 현실이 미치지 못하는 미학적 세계를 통하여 극복하고 있는 것이다. 헉슬리(Aldous Huxley)는 포우의 이러한 미학적 세계의 탐닉을 "너무 시적이어서, 다섯 손가락 모두에 다이아몬드 반지를 낀 것 같다"(too poetical?the equivalent of wearing a diamond ring on every finger)고 비난한 바도 있다. 그러나 사랑하는 어린 부인의 병환과 극도의 궁핍 속에서 글 쓰는 일 말고는 할 수 있고 할 줄 아는 것이 없는 포우의 도피하고픈 현실을 감안하면 그 탐닉은 오히려 자연스럽다고 할 수 있다. 『숙녀살해범들』에서 도어 역시 포우를 "이 세계가 아닌 꿈속에서, 중세의 꿈속에서, 살았던 인물"(Not of this world. . . He lived in a dream. An ancient dream)이라고 소개한다.

「아나벨 리」가 '동화적 세계 대 현실세계'의 대립구도를 통하여 현실을 극복하고 있다면, 「헬렌에게」는 신화 세계를 통하여 "거친 바다를 오래 헤매던" "방랑에 지친 나그네"의 쓰라린 현실을 극복한다. 즉, 포우는 과거 신화 세계의 여성들이라는 '오염되지 않은, 순수하고, 밝고, 부드러운' 원형적 이미지를 통하여 환난에 가득한 인간의 현실을 고발하고 그 치유를 위해서 필요한 것이 무엇인지를 제시하고 있는 것이다. 과거와 신화 그리고 여성의 이미지는 『숙녀살해범들』에서 먼슨 부인과 정확하게 일치한다. 그녀의 절대적인 신앙은 신화처럼 그녀의 삶 속에 확고히 자리 잡아 세상의 세속적인 가치관에 결코 흔들리지 않는다. 이는 그녀를 경찰관을 포함한 주변의 세속적인 인물들 특히 숙녀살해범들과의 대립구도에서 현실감각이 떨어지는 인물로 보이도록 한다. 그러나 그녀는 결코 시대착오적 인물이 아니다. 그녀 역시 "세상에는 단 두 종류의 사람만이 있으니, 재물을 가진 사람과 재물을 가지려고 하는 사람뿐이다"(the world's got two kind of folks. Them that's got the piles and them that's goin' get 'em)는 사실과 재물이 "인간의 필요조건"(the human condition)이라는 점을 정확히 알고 있다. 그녀는 자신의 남편이 빈털터리로 죽었지만, "당신이 살아생전 아픈 적 한 번 없었다는 데 주님께 감사해요"(Thank the lord you never was sick)라며 자신의 가치관에서 흔들리지 않는다. 그녀 자신의 유일한 소망 역시 "밤이 되면 자러 가고, (아침이면) 영광의 대지에 다시 일어나며"(Go to sleep one night, wake up in the glory land!) "남은 여생을 편하고 한가롭게 보내기만 바랄 뿐"(I just want to pass away nice and peaceful)이다. 그녀가 자신을 "천사"라고 부르는 이유는 매달 5달러씩 기부를 하는 밥 존스 대학(Bob Jones University)의 주소록에 이름이 올라 있기 때문이지만, 동시대의 세속적 가치관에 흔들리지 않는 순수한 그녀의 모습은 충분히 '천사'의 모습이다.

그러나 숙녀살해범들에게 먼슨 부인은 단순히 자신들의 범죄를 가로막는 속이기 쉬운 단순한 장애물에 불과하다. 그녀가 그들과 본격적으로 대립구도를 형성하게 되는 것은 그들의 범행이 부인에게 발각된 이후부터이다. 온갖 감언이설에도 흔들리지 않는 그녀의 믿음과 신념은 도어로부터 "사실 우리는 범죄자들입니다"(We are, in fact, criminals)라는 고백을 받아낸다. 그의 고백은 앞서 그녀 자신의 "나는 천사예요"(I'm an angel)라는 언급과 맞물려 그들의 대립구도를 보다 명백히 드러낸다. 이 대립구도가 빚는 최고의 긴장은 결국 그녀를 살해해야 한다는 숙녀살해범들의 결정으로 이어진다. 그러나 그들의 현금 강탈을 위한 치밀한 계획과는 달리 숙녀살해를 위한 그들의 계획은 제비뽑기로 결정되며 선발된 전문가들답지 않은 서투른 처리로 결국에는 모두 실패하고 만다. 이는 세상이 돌아가는 방식에 대한 일종의 풍자로 볼 수 있다. 즉, 세상은 카지노의 노름판 돈이라는 검은 돈을 훔쳐 내려는 범죄 행위는 합리적이고 체계적으로 진척되지만, 먼슨 부인에 대한 서

툰 일처리는 그녀가 요즘 세상에는 드문 천사 같은 인물이기에 그 대처 자체가 낯선 것임을 암시한다는 것이다. 코엔 형제의 작품이 좋은 평가를 받지 못하는 가장 큰 이유 중의 하나는 숙녀살해범들이 그녀의 기세에 눌려 하나씩 제거되는 장면들이 개연성이 떨어진다는 점이다. 그러나 먼슨 부인과 숙녀살해범들의 대립구도에서 보면 그 개연성이 떨어지면 떨어질수록 오늘날의 사회가 먼슨 부인과 같은 인물에게서 멀어져 있으며 그녀가 지닌 가치관을 낯설게 받아들인다는 것을 의미한다. 이 점은 권총 강도를 맨손으로 제압하는 냉혈한 장군이 그녀 앞에서 뻐꾸기 소리에 놀라 급사하는 장면과 불량하기 이를 데 없는 거웨인 맥샘이 먼슨 부인의 모습에서 자신의 어머니를 상기하며 우는 어린아이로 돌변하는 장면에서 잘 드러난다. 결과적으로 먼슨 부인과 숙녀살해범들의 대립구도에서 먼슨 부인의 압승으로 끝이 난다. 그녀의 압승은 영화 도입부의 찬송가 「오라, 신의 품으로 돌아가세」("Come, Let Us Go Back to God")에서 이미 예견된 것이기도 하다.

> 대지는 지옥불로 타오르고, 세상은 환란에 빠져있네,
> 오늘날 사람들은 별스럽고 이상하게만 살고,
> 바다 건너의 일들이 네게로 내게로 오리니,
> 오라, 신의 품으로 돌아가세, 신의 품으로 돌아가세.
>
> The earth is in a blaze, the world is in a maze
> The way of life today is strange and odd
> What happened across the sea may come to you and me
> Oh come, let us go back to God, go back to God.

이 찬송가에서 신과 인간 세상의 구도는 작품 속에서 먼슨 부인과 숙녀살해범들의 대립 구도로 드러난다는 사실을 입증하는 것이기도 하

지만, 코엔 형제의 영화가 세상에 던지는 또 하나의 냉소적인 시선을 보여준다. 즉, 먼슨 부인과의 대립구도에서 패배한 숙녀살해범들이 돌아간 곳이 "신의 품"이 아닌 "쓰레기 속"이라는 점이다. 또 하나 더욱 쓰라린 점은 그녀의 말을 믿지 못하는 경찰관들이 "그냥 다 가지세요"(You keep it! Why don't you keep it)라는 언급이 우리 모두를 숙녀 살해범들과 공범으로 만들고 있다는 사실이다. 그녀가 돈 모두를 취한다 하여도 정황상 완전 범죄로 끝날 수 있으리라는 우리의 기대를 그녀는 밥 존스 대학에 전액 기부함으로써 철저하게 저버린다. 세상은 표면상 조용히 아름답게 흐르는 미시시피 강처럼 보이지만 실제로 우리가 사는 세상은 쓰레기 속인 것이다.

『당신이 그녀라면』(*In her Shoes*)과 커밍스(e. e. cummings)의 「나는 당신의 마음을 지니고 다닙니다」(“i carry your heart with me”)」와 엘리자베스 비숍(Elizabeth Bishop)의 「한 가지 기술」(“One Art”)

『당신이 그녀라면』(*In Her Shoes* 2005)

- 감독: 커티스 핸슨(Curtis Hanson)
- 출연: 카메론 디아즈(Cameron Diaz) …… 매기(Maggie)
  토니 콜렛(Toni Collette) …………… 로즈(Rose)
  셜리 맥클레인(Shirley MacLaine) … 엘라(Ella)

『당신이 그녀라면』은 미국 작가 제니퍼 와이너(Jennifer Weiner: 1970 -)가 2002년도에 발표한 동명의 소설을 원작으로 하고 있다. 와이너의 여성주의(feminism)는 종종 다른 여성작가들로부터 비난을 받을 정도로까지 강한 것으로도 유명하다. 그녀의 소설 나아가 영화가 그 저변에 담고 있는 의미를 파악하기 위해서는 여성작가의 작품 혹은 여성을 다룬 이야기를 대하는 비평가들과 대중매체에 대한 와이너의 견해를 먼저 살펴보는 것도 유용하다. 그녀는 2010년 『허핑턴 포스트』(*The Huffington Post*)와의 인터뷰에서, "문학계에는 아주 오래되고 뿌리 깊은 이중적 잣대가 존재합니다. 남성작가가 가정과 감정에 관련된 작품을 쓰면 대단한 평가를 받지요. 반면에 여성작가의 같은 이야기는 연애이야기나 피서지에서 즐기는 책 정도로 평가 받지요. 비평가의 관심의 대상이 아니라는 것이지요"(I think it's a very old and deep-seated double standard that holds that when a man writes about family and feelings, it's literature with a capital L, but when a woman considers the same topics, it's romance, or a beach book - in short, it's something unworthy of a serious critic's attention)라고 일침을 놓은 바 있다. 그녀는 나아가 여성작가들 사이에서의 정통 문학과 소위 "칙릿" (chick-lit)에 대한 논쟁에 대해서도, "문학을 한다는 고상한 숙녀 분들과 칙릿을 하는 천한 계집들 사이의 서로를 적대시하는 선긋기가 더 분명해질수록, '똑똑함과 미모 중 어느 것을 고를래'하는 어린 시절의 놀이가 생각난다"(the more I think about the increasingly angry divide between ladies who write literature and chicks who write chick lit, the more it seems like a grown-up version of the smart versus pretty games of years ago)며 논쟁 자체를 냉소적으로 받아들이고 있다. 그녀 스스로는 칙릿을 하나의 장르로 인정하고, 따라서 자신의 작품이 칙릿으로 분류되는 것에도 개의치 않는다("I'm not crazy about the label").

와이너가 자신의 작품을 칙릿으로 당당하게 밝히고 있는 것처럼, 『당신이 그녀라면』은 칙릿이며 영화 또한 "여성 영화"(chick-flick)이다. 작품의 내용 또한 남성중심의 사회에서 여성들에게 미덕으로 강요되어 온 "미모"와 그렇지 못한 여성의 무기인 "똑똑함"을 대변하는 두 여자의 이야기이다. 사실 "똑똑함"과 "미모"에 대한 남성의 판단과 선택은 고대 신화 속 트로이 전쟁의 원인이 된 패리스(Paris)의 선택[23]과 "그녀는 아름답게 걷네"(She walks in beauty)라는 사실 만으로도 "선하게 보냈던 시절과 / 지상의 모든 것들과 조화로운 마음과 / 순수한 사랑의 감정을 말해주네"(tell of days in goodness spent, / A mind at peace with all below, / A heart whose love is innocent!)라는 바이런(George Gordon Byron: 1788 - 1824) 그리고 현명하지만 '수수한(plain) 외모'의 제인 에어(Jane Eye)가 작품의 여주인공이라는 사실이 큰 논쟁거리가 되었던 19세기 영국 사회가 잘 보여 준다. 반면에, 샤롯 브론테(Charlotte Brontë: 1816-1855)의 『제인 에어』에서 잘 드러나듯, 여성작가가 쓴 여성 이야기 속의 여주인공은 미모보다는 똑똑함이 강조된 인물이 대다수이다. 이 점은 칙릿의 원조 격이라 할 수 있는 제인 오스틴(Jane Austen: 1775 - 1817)의 작품에서도 잘 드러난다. 특히, 『당신이 그녀라면』과 매우 유사한 내용과 주제를 담고 있는 『이성과 감성』(*Sense and Sensibility*)에서 잘 드러난다. 작품 속에서 이성을 대변하는 엘리너(Elinor)와 감성을 대변하는 마리앤(Marianne) 두 자매가 등장하지만, 작가 오스틴은 자신의 작품이 당대의 "감성 소설"(the novels of sensibility)에 등장하는 "감성 예찬"(cult

23) 패리스는 헤라(Hera), 아테네(Athene), 비너스(Venus) 중에서 누가 제일 미인인가를 선택해야 할 때, 선택에 대한 보답으로 '권력'을 내 건 헤라와 '지혜'를 내 건 아테네를 거부하고 '미모의 부인'을 내건 비너스를 선택한다.

of sensibility)을 비판하기 위한 목적을 지니고 있음을 공공연하게 주장하며 엘리너의 편을 들고 있다. 그럼에도 불구하고,『이성과 감성』이 고전 작품으로 평가 받는 것은 이 작품이 단순한 선택과 비교의 문제가 아닌 인간이 지닌 두 가지 이질적 특성이 빚는 갈등 그리고 조화를 통하여 성장과 삶에 대한 진지한 성찰을 보인다는 점에 있다.

제인 오스틴처럼 와이너 역시『당신이 그녀라면』에서 세대 간의 문제나 두 자매의 어린 시절의 상흔(傷痕) 등을 배경화함으로써 단순히 성격이 다른 두 자매 나아가 여성만의 문제가 아닌 인간의 문제임을 강조하려 애쓰고 있다. 작가의 이러한 노력은 이 작품에 등장하는 시를 통해서도 잘 드러난다. 동생 매기가 언니 로즈의 애인과 불륜을 일으키고 오갈 데 없어 찾아간 외할머니의 실버타운에서 눈 먼 노교수에게 읽어주던 시는 엘리자베스 비숍(Elizabeth Bishop: 1911 - 1979)의「한 가지 기술」("One Art")이다.

> 잃는 기술을 숙달하긴 어렵지 않다.
> 너무나 많은 것들이 상실을 각오하고 있는 듯하니
> 그것들을 잃는다 하여 재앙은 아니다,
>
> 허니 매일 뭔가 잃도록 하라. 문 열쇠를 잃거나
> 시간을 허비했어도
> 그 낭패감을 잘 견디라.
> 잃는 기술을 숙달하긴 어렵지 않다.
>
> 그리곤 더 많이, 더 빨리 잃는 법을 익히라,
> 장소든, 이름이든, 네가 여행하려 했던 곳이든 상관없다.
> 그런 건 아무리 잃어도 재앙이 아니다.

난 어머니의 시계를 잃었다. 또 보라! 좋아했던 세 집 중에서
가장 좋아하고, 그 다음으로 좋아하던 두 집을 잃었다.
잃는 기술을 숙달하기는 어렵지 않다.

난 아름다운 두 도시를 잃었다. 더 넓게는 내가 소유했던
얼마간의 영토와 두 강과 하나의 대륙을 잃었다.
그것들이 그립지만 그렇다고 재앙은 아니었다.

설령 당신을 잃어도 (그 장난스런 목소리, 내가 사랑하는
멋진 몸짓) 나는 거짓말은 못할 것 같다.
분명 잃는 기술을 숙달하긴 별로 어렵지 않다,
그것이 (고백하라!) 재앙처럼 보이긴 해도.

The art of losing isn't hard to master;
so many things seem filled with the intent
to be lost that their loss is no disaster.

Lose something every day. Accept the fluster
of lost door keys, the hour badly spent.
The art of losing isn't hard to master.

Then practice losing farther, losing faster:
places, and names, and where it was you meant
to travel. None of these will bring disaster.

I lost my mother's watch. And look! my last, or
next-to-last, of three loved houses went.
The art of losing isn't hard to master.

I lost two cities, lovely ones. And, vaster,

some realms I owned, two rivers, a continent.
I miss them, but it wasn't a disaster.

- Even losing you (the joking voice, a gesture
I love) I shan't have lied. It's evident
the art of losing's not too hard to master
though it may look like (Write it!) like disaster.

우연인지 혹은 작가 와이너의 의도적 선택인지는 불분명하지만, 비숍은 매기와 로즈처럼 불행한 어린 시절을 보냈다. 생후 8개월 만에 아버지가 돌아가시고 정신질환을 앓던 어머니는 그녀가 5살 되던 1916년 정신병원에 수용되어 1934년 사망 시까지 모녀간에는 아무런 교류도 없었다. 그녀는 어린 시절을 할아버지와 할머니와 함께 보냈다. 이러한 불행한 유년기의 추억에도 불구하고, 그녀는 시 속에 자신의 개인적인 이야기를 드러내는 것을 극도로 꺼렸다. 이러한 사실은 그녀의 교제와 당대의 시 풍토로 볼 때, 다소 의외라 할 수 있다. 그녀의 절친한 친구이자 당대의 저명한 시인인 로버트 로웰(Robert Lowell: 1917 - 1977)이나 존 베리만(John Berryman: 1914 - 1972) 등은 작가 자신의 개인적 삶을 시의 중요한 부분으로 여기고 시 속에서 다루었다. 1950 - 60대에 집중적으로 발표된 이러한 형태의 시들은 '고백시'(confessional poetry)라는 독립된 장르로까지 발전한다. 비숍이 자신의 개인적 이야기를 표면화하지 않는다는 것은 필연적으로 그녀의 시에서 그녀가 등장할 경우 의도적으로 왜곡되거나 변형된 모습으로 등장한다는 것을 의미한다. 이 점은 시인으로서의 그녀의 사고의 깊이와 시작(詩作)의 세련됨을 언급할 때 대표적으로 인용되는 이 시를 통해서도 잘 드러난다. 전체 6연의 시를 지탱하는 것은 반복되는 "잃는 기술을 숙달하긴 어렵지 않다"와 "그것들을 잃는다 하여 재앙은 아니다"는 두 핵심 문장이다. 이 두 문장은 그 의미가 서로 교차 반복 된다. 즉, 잃는 대상은 2연에서 "문 열쇠" "시간"이었다가, 3연에서 "장소"와 "이름", 4연에서는 "어머니의 시계"와 "좋아하던 집" 5연에서는 "두 도시"와 "영토와 두 강과 하나의 대륙", 마지막 연에서는 "사랑하는 . . . 당신"으로 점차 그 규모와 의미가 확장되어 간다. 세상에는 상실이 언제나 어디서나 존재한다는 것이다. 반면에, 잃는 대상에 따른 결과에 해당하는, 1연의 "그것들을 잃는다 하여 재앙은 아니다"는 언급은 3연에서는 "그런 건 아무리 잃어도 재앙이 아니다"로 5연에서는 "그것들이 그립지만 그렇다고 재앙은 아니었다"로 마지막 연에서는 "그것이 (고백하라!) 재앙처럼 보이긴 해도"로 그 어조가 변화한다. 점차적으로 그 강도가 약해지는 어조의 변화를 통하여 시인은 세상의 모든 상실이 재앙임을 은연 중에, 의도적이라면 어렵사리, 드러낸다. 또한 이러한 상실과 재앙의 교차 반복을 통하여 시인은 상실이 인간의 삶 속에 운명적으로 존재한다는 점과, 교차의 정점이랄 수 있는 마지막 연을 통하여, 그 모든 상실이 '사랑'과 운명적으로 이어져 있음을 "고백"한다. 마지막 행의 괄호 안의 "(write it)"은 시인 자신의 내면의 소리로써, "시로 표현하라"는 의미로도 해석될 수 있다. 이렇게 보자면 시의 제목 "한 가지 기술"은 시인 비숍이 자신의 상실을 극복하기 위한 "기술"로써의 '시'를 의미한다고도 할 수 있다.

『당신이 그녀라면』에서 비숍의 시는 매기의 인생에서 하나의 전환점으로 작용한다. 무엇보다도, 이 시를 읽는다는 행위 자체를 통하여 그녀는 '난독증'(dyslexia)이라는 자신의 깊은 열등감과 직면한다. 그리고 점차적으로 그녀는 이 표면화된 열등감을 극복해 간다. 프로이드(Sigmund S. Freud: 1856 - 1939)에 따르면, 인간은 무엇이 위협적인지

분명치 않은 상황이나 자아개념을 위협하는 심미적 갈등이 있을 때 혹은 이성적이고 직접적인 방법으로 불안을 통제할 수 없을 때, 사실을 거부하거나 왜곡시키는 '방어 기제'(defence mechanism)를 작동한다고 한다. 이러한 위협이나 상황으로 가장 대표적인 것으로는 과거의 충격적 경험이나 포괄적으로는 '상실감'이나 '열등감' 등을 꼽을 수 있다. 이렇게 볼 때, 비숍의 시에서 "잃는 기술을 숙달하긴 어렵지 않다" "그것들을 잃는다 하여 재앙은 아니다"는 언급과 매기의 반항적 행위나 자신의 성적 매력을 활용한 남자와의 일회성 교제 등은 일종의 방어 기제라 할 수 있다. 따라서, 매기가 자신의 열등감을 극복한다는 것은 그녀 삶의 양식 자체가 바뀔 수 있는 중요한 계기가 된다. 실제로, 그녀가 '상실'을 말하는 시인 비숍의 어조를 "제 생각엔 초연한 것처럼 말하고 싶어 하는 것 같아요"(I think she wants to sound detached)라며 즉각적으로 파악해 내는 것은, 그녀가 '상실'을 노래하는 시인 비숍을 철저하게 공감하고 있다는 것을 의미하기도 한다. 또한 비숍의 시는 주제적인 측면에서 매기에게 그녀가 '잃어버린 것'이 무엇인가에 대하여 진지한 성찰을 하도록 도와준다. 눈 먼 노교수가 그녀에게 "뭘 잃는다는 거지? 아니면 누군가를? 그건 사랑하는 사람일까?"(Lose what? Or whom? Is it a lover?)라고 묻자, 그녀는 "아니오. 그건 친구예요"(No. It's a friend)라고 답한다. 비숍의 시 말미에서 가장 중요한 상실을 분명 "사랑하는 당신"이라고 언급했음에도 그녀가 친구임을 주장하는 것은, 그녀가 처음으로 로즈를 자신의 동반자인 "친구"이며 자신의 과오로 지금 '잃어버리고 있음'을 암묵적이지만 강하게 드러내는 것이다.

열등감을 극복하고 자신이 잃은 것이 무엇인가를 깨달은 매기에게 남은 일은 로즈와의 화해 뿐이다. 두 자매의 화합은 매기가 로즈의 결혼식에서 낭송하는 에드워드 커밍스(e. e. cummings: 1894-1962)의 「나는 당신의 마음을 지니고 다닙니다」("i carry your heart with me")에서 절정에 이른다.

나는 당신의 마음을 지니고 다닙니다(내 마음속에
지니고 다닙니다)늘 지니고 다닙니다(내가 가는 곳은
어디든, 그대여, 당신도 갑니다. 내 홀로 무엇을 하든
그것은 당신이 하는 일입니다.님이여)
　　　　　　　　　　　　　나는 운명이
두렵지 않습니다(사랑하는 님, 당신이 내 운명이기에)나는
세상이 필요치 않습니다
(나의 진리, 아름다운 당신이 내 세상이기에)
달이 늘 의미해 왔던 것이 바로 당신이요
해가 늘 부르게 될 노래가 바로 당신입니다

여기에 아무도 모르는 가장 깊은 비밀이 있고
(여기에 생명이라 불리는 나무의 뿌리의 뿌리와
싹의 싹과 하늘의 하늘이 있고,그것은 영혼이
희망하고 마음이 숨을 수 있는 것보다 더 높게 자랍니다)
그리고 이것이 별들을 서로 떨어져 있게 하는 경이로움 입니다

나는 당신의 마음을 지니고 다닙니다
　　(내 마음속에 지니고 다닙니다)

i carry your heart with me(i carry it in
my heart)i am never without it(anywhere
i go you go,my dear;and whatever is done
by only me is your doing,my darling)
　　　　　　　　　　　　　i fear
no fate(for you are my fate, my sweet)i want

no world(for beautiful you are my world, my true)
and it's you are whatever a moon has always meant
and whatever a sun will always sing is you
here is the deepest secret nobody knows
(here is the root of the root and the bud of the bud
and the sky of the sky of a tree called life;which grows
higher than soul can hope or mind can hide)
and this is the wonder that's keeping the stars apart

i carry your heart(i carry it in my heart)

펜버티(Jenny Penberthy)는 커밍스를 "이십세기에서 가장 혁신적인 시인들 중 한 사람"(Among the most innovative of twentieth-century poets)으로 꼽고 있다. 그의 이 언급은 일반적으로 커밍스 시의 외형적 독특함 즉, 이 시에서도 잘 드러나는 것처럼, 대문자 및 구두점을 생략하고 띄어쓰기를 무시하는가 하면 단어를 마음대로 잘라내기도 하고 "if," "am," "because" 등의 단어를 명사로 사용하는 등의 전통적 언어 규칙을 무시하는 것으로 두드러진다. 그러나 그의 시는 이러한 전통을 무시하는 파격적 시 형태로만 대중의 관심을 끄는 것은 아니다. 랜달 자렐(Randall Jarrell)은 "그 누구도 전위적이고 실험적인 시를 일반 대중은 물론 특별한 독자에게까지 (커밍스만큼) 매력적으로 쓰진 못했다"(No one else has ever made avant-garde, experimental poems so attractive to the general and the special reader)며 그의 시를 극찬한 바 있다. 그리하여 로간(John Logan)은 커밍스를 "영어로 시를 쓴 가장 위대한 서정시인 중의 한 사람"(one of the greatest lyric poets in our language)으로 부른다.「나는 당신의 마음을 지니고 다닙니다」는 시인 커밍스의 특징을 잘 보여주는 연애 서정시이다. 이 시의 의미를 이해하는 것은 자의(字意) 그대로의 의미를 이해하는 것으로 족하다. 그러나 이러한 단순함에도 불구하고, 이 시가 가장 애송되는 사랑 시 중의 하나로 평가 받는 이유는 이 시가 독자들에게 독특함과 신선함을 주기 때문이다. 이는 이 시에서의 전통적 언어 규칙 파괴의 효과가 시의 내용과도 밀접한 관계를 지니고 있다는 점으로 설명될 수 있다. 이 사랑 노래는 사랑의 전형으로 여겨지는 "마음," "달," "해," "별" 그리고 '늘 함께하며,' '나에게서의 너의 영원한 의미' 등등의 '상투어'(cliche)로 가득하다. 스티븐 휘처(Stephen E. Whicher)는 커밍스 시의 이러한 양상을 "순박한 서정주의"(naive lyricism)로 부르기도 한다. 그러나 세상의 모든 상투어는 반복적인 사용 이전에는 표현하려는 대상에 대한 가장 신선하고 정확한 의미전달 수단이었음에 틀림없다. 커밍스의 시에서 전통적 문법의 의도적 파괴는 이러한 상투어들이 그 본래의 신선한 의미를 되찾게 되는 효과를 지닌다. 이 과정이 흥미로운 것은 시를 읽는 독자들의 적극적인 역할이 요구된다는 점이다. 독자들은 이 시를 눈으로 읽거나 혹은 특히 낭송하게 될 때, 독특한 단어 배열과 띄어쓰기의 무시 등으로 인하여 '끊어 읽기'(pause)를 어떻게 해야 하는가에 대하여 또한 그러한 의도에 담긴 의미에 대하여 심사숙고하게 된다. 이 심사숙고가 자연스럽게 시의 주제인 사랑에 대한 감정, 익숙히 잘 알고 있었지만 그로 인하여 당연시 되던 감정에 새롭고 중요한 의미를 부가하게 되는 것이다. 리차드 블랙머(Richard P. Blackmur)는 커밍스의 이러한 언어적 재능을 "익숙하고, 거의 죽은 단어를 감각적으로 신선하게 만드는 재능"(Cummings has a fine talent for using familiar, even almost dead words, in such a context as to make them suddenly impervious to every ordinary sense)이라고 평가하고 있다. 독특하고도 아름다운 이 사랑 노래는 미국의 저명한 어코스틱 기타 연주가이자 작곡가인 마이클 헷지스(Michael A. Hedges: 1953 -

1997)가 앨범 『곧은 뿌리』(*Taproot*, 1990)에서 노래로 만들어 발표한 바 있다.

커밍스 시의 외형적 특징과 내용을 『당신이 그녀라면』에 면밀히 적용하면, 두 자매를 이해하는 데 크게 도움이 된다. '신발 크기'를 제외하고는 아무 것도 닮은 것이 없는 두 자매의 성격과 외형적 특질은 그들 스스로에게나 독자들에게 자매라는 '피붙이'에 대한 '상투어적인' 일반적 인식을 뒤집기 위한 것으로 볼 수 있다. 달리 말하자면, 물리적으로나 혹은 성장 후의 심리적으로도 늘 함께 한다는 이유로 형제자매의 개별적 차이를 무시하고 무의식적으로 자신과 자신의 형제를 동일시하려는 인간의 본능을 꼬집고 있다는 것이다. 따라서, 가장 가까운 사람이 자기 자신에게 어떤 의미를 지니는가를 이해하기 위해서는 적절한 시기나 상황에 따른 거리감이 필수적이다. 마치 커밍스의 시가 전통적 언어 규칙을 파괴하면서 생기는 일상적 상투어와의 거리감을 통하여 새로운 의미를 이끌어 내듯이, 매기의 비도덕적이기까지 한 행위는, 의도한 것은 아니지만, 그녀와 로즈 사이의 거리를 만들어 내고 그들이 서로에게 얼마나 필요한 존재인가를 깨닫게 되는 계기가 된다. 구두에 집착하는 로즈에게 매기는 "대체 신지도 않을 예쁜 구두를 왜 사니? 그 구두를 신고 즐거워할 누군가를 위해 남겨 두지 그래"(Look, if you're not gonna wear them, don't buy them. Leave them for somebody who's gonna get something out of them)라고 면박을 준다. 이 말에 로즈는 "나 자신을 위해서 산 거야. 옷은 사봤자 입어도 안 예쁘고 음식은 살만 찌고, 그래도 구두는 잘 맞잖아"(I get something out of them. When I feel bad, I like to treat myself. Clothes never look any good. Food just makes me fatter. Shoes always fit)라고 대답한다. 두 자매는 그들이 함께 겪은 어린 시절의 상흔, 가출, 배신, 이별 그리고 재회 등의 기나 긴 여정을 통해 형제애를 회복한다. 인생의 여정에서 '발에 잘 맞는 신발'은 멀고 험한 길을 걷는 데 필수적이지만, 길을 걷는 모두가 지닌 것은 아니다. 두 자매는 서로에게 '잘 맞고 예쁜 신발'이 된 것이다.

『노인을 위한 나라는 없다』(*No Country for Old Men*)와 예이츠(W. B. Yeats)의 「비잔티움으로의 항해」("Sailing to Byzantium")

『노인을 위한 나라는 없다』(*No Country for Old Men* 2007)

- 감독: 에단 코엔(Ethan Coen), 조엘 코엔(Joel Coen)
- 출연: 토미 리 존스(Tommy Lee Jones) …… 에드 톰 벨(Ed Tom Bell)
  하비에르 바르뎀(Javier Bardem) ……… 안톤 쉬거(Anton Chigurh)
  조쉬 브롤린(Josh Brolin) ……………… 루엘린 모스(Llewelyn Moss)
  켈리 맥도널드(Kelly Macdonald) ……… 칼라 진 모스(Carla Jean Moss)
  우디 해럴슨(Woody Harrelson) ……… 카슨 웰스(Carson Wells)

『노인을 위한 나라는 없다』는 미국의 소설가이자 극작가인 코맥 매카시(Cormac McCarthy: 1933-)가 2005년 출간한 동명의 소설을 코엔 형제가 영화로 각색한 작품이다. 이 작품은 2008년 제80회 아카데미상 시상식에서 극중 안톤 쉬거의 역할을 맡은 하비에르 바르뎀이 남우조연상을 받은 것 이외에도 작품상, 감독상, 각색상을 수상하였다. 이러한 수상과 더불어 이 작품을 "전미평론가위원회"(National Board of Review)는 2007년 최고의 작품으로, "미국영화협회"(The American Film Institute)는 "올해의 영화"(Movie of the Year)로 선정한 바 있다. 이러한 사실은 이 작품이 상업성과 작품성을 동시에 지녔음을 잘 보여 준다. 그러나『노인을 위한 나라는 없다』는 제목과 작품 사이의 연관성을 비롯하여 범죄를 다룬 작품들의 일반적이고 자연스러운 결말인 인과응보의 규칙을 벗어나는 등등의 양상들로 인하여 일관적인 흐름과 주제를 기대하는 관객에게는 매우 혼란스러운 작품이다. 이 점은 이 작품에 대한 비평가들의 호평에서도 엿보인다. 에버트(Roger Ebert)는 이 작품에 별 4개 만점을 부여하면서, "이 영화는 시간, 장소, 인물, 도덕적 선택, (인간 세상의) 확실한 부도덕성, 인간의 본성과 운명 등을 탁월하게 환기시킨다"(This movie is a masterful evocation of time, place, character, moral choices, immoral certainties, human nature and fate)고 평가한 바 있다. 그는『노인을 위한 나라는 없다』가 이런 다양한 주제들을 훌륭하게 소화하고 있다고 보지만, 사실 이러한 매우 다양하면서도 한결같이 무거운 주제들이 이 영화가 비판받는 원인이 되기도 한다. 크로체(Fernando F. Croce)는 "이 영화는 살이 없는 해골과도 같다. 그 자체로 설정한 감당하기 어려운 의미의 커다란 미로 속에서 덜컹대고 있다. . . 명작이라고?"(the movie is like a skeleton without flesh, and it rattles around in the big canvas of ponderous Meaning it sets up for itself ... A masterpiece?)라며 이 영화의 작품성에 대하여 회의적이다. 샌두(Sukhdev Sandhu) 역시 "명작 근처도 못가는"(Is it a masterpiece? Not even close) 작품으로 평가한다.

『노인을 위한 나라는 없다』에 대한 호평과 동시에 혹평의 원인이 되는 매우 다양한 주제들의 혼재는 이 영화의 장르 설정으로도 설명된다. 이 영화의 장르 분류에서 가장 많이 언급되는 것은 "서부영화"(western)이다. 조엘 코엔은 "『노인을 위한 나라는 없다』는 서부영화이기도 하고 또한 아니기도 하다"(*No Country for Old Men* is sort of a western and sort of not)이라는 모호한 입장을 취한바 있다. 길모아(Richard Gillmore)는 이 작품이 배경과 주요 인물의 관점에서는 서부영화이지만 이야기의 구성은 범죄와 폭력을 다루면서 도덕적 모호함이나 성적 동기에 초점을 맞추는 "필름 누아르"(Film noir)[24)]라고 주장한다. 비슷한 맥락에서 데블린(William J. Devlin)은 이 영화를 "신 서부영화"(neo-western)으로 분류한다. 맥키(Rob Mackie)가 이 작품의 장르를 "범죄 서부 누아르 공포 희극"(Crime western noir horror comedy)으로 분류한 것은 이 작품의 내용과 구성이 얼마나 다양하고 가변적인가를 잘 보여준다. 이런 점에서 비안콧(Deborah Biancott)이 이 작품을 "서부고딕"(western gothic)으로 분류한 것은 작품 이해에 도움이 된다. 그는 여러 장르가 혼재된 이 작품에서 가장 눈여겨 볼 장르는 고딕문학[25)]이라고 주장한다.

---

24) 필름 누아르(Film noir)는 범죄와 폭력을 다루면서, 도덕적 모호함이나 성적 동기에 초점을 맞추는 일군의 영화를 가리킨다. 할리우드의 고전적인 필름 누아르 시기는 일반적으로 1940년대 초에서 1950년대 말에 걸쳐있다. 불어로 검은 영화(black film)이라는 의미이며 1946년 프랑스 비평가 니노 프랭크(Nino Frank)가 최초로 사용하였다.

코맥 매카시는 일종의 장르 절도범이다. 수사어구는 스릴러와 로드무비, 서부 영화에서 취하고 있으며, 가장 주목할 것은 이야기를 현대적이면서 시공을 초월하는 것으로 만들어 주는 고딕 문학을 차용한다는 점이다. 그는 신념의 상실, 익명성의 폭력, 불안감, 광기 그리고 도덕적 타락 등등의 현대인들의 불안을 면밀히 들여다보기 위해 고딕구조를 사용한다.

Cormac McCarthy becomes a kind of genre thief, taking tropes from the thriller, the road movie, the western, and ?most notably? Gothic literature to build a tale that feels both modern and timeless. He uses Gothic structure in particular to examine modern anxieties: loss of faith, anonymous violence, angst, madness, and moral decline.

결과적으로『노인을 위한 나라는 없다』는 고전적인 형식을 통해서 현대적 내용을 이야기하고 있다는 것이다.

『노인을 위한 나라는 없다』에 혼재하고 있는 '과거와 현재'는, 외견상 작품의 내용과 그다지 연관이 없어 보이는, 이 작품의 제목을 통해서도 드러난다. 특히『노인을 위한 나라는 없다』가 제목을 차용한 예이

---

25) 고딕 문학과 동의어로 쓰이기도 하는 대표적 장르인 고딕 소설은 "공포소설"(Horror Novel)로 불리기도 한다. 18세기 후반부터 19세기 초엽에 걸쳐 영국에서 유행했으며, 중세의 고딕 양식으로 된 성을 배경으로 유령, 살인 따위의 기괴한 사건을 주로 다루면서 신비감과 공포감을 나타냈다. 메리 쉘리(Mary Shelley)의『프랑켄슈타인』(*Frankenstein* 1818), 브램 스토커(Bram Stocker)의『드라큘라』(*Dracula* 1897) 그리고 최근작으로는 앤 라이스(Anne Rice)의『뱀파이어와의 인터뷰』(*Interview with a Vampire*) 등이 대표적 고딕 소설에 속한다. 이들 작품들은 음산함과 공포 전달을 주목적으로 하고 있으며, 악당을 사회 고위층이나 귀족의 일원으로 설정하거나, 그들의 그릇된 망상이 가지고 온 결과를 다루며, 등장인물들의 내면의 갈등, 성적인 잠재의식 등을 직 간접적으로 표현하는 특징을 지니고 있다.

츠의 시 「비잔티움으로의 항해」("Sailing to Byzantium")는 영화 속에 흐르는 다양하고 무거운 주제들을 관통하는 하나의 커다란 축을 공유하고 있다.

저것은 노인을 위한 나라가 아니다. 서로
팔짱을 낀 젊은이들이, 나무의 새들이,
- 저 죽어가는 세대들이 - 노래를 부르고,
연어가 튀는 폭포, 고등어 우글대는 바다,
물고기와 짐승과 새들은 여름 내내
잉태되고, 태어나고, 죽어가는 모든 것들을 찬양한다.
저 관능의 음악에 취하여 모두들
늙지 않는 지혜의 기념비를 소홀히 한다.

나이든 사람은 한갓 하찮은 물건이고
막대기에 걸친 다 헤진 누더기, 영혼이
손뼉 치며 노래하지 않는 한, 죽어 없어질
육신을 걸친 모든 누더기를 위해 더욱 크게 노래하지 않는 한,
또한 자기 자신의 장엄한 기념비만을 배우는 것 말고는
노래를 배울 곳은 어디에도 없다.
그래서 나는 바다를 건너
성스러운 도시 비잔티움으로 왔노라.

벽에 새긴 금빛 모자이크처럼,
신의 성스러운 불꽃 속에 서 있는, 오 현인(賢人)들이여,
맴도는 그 거룩한 불꽃에서 나와
내 영혼의 노래 스승이 되어 주오.
그리하여 내 심장을 태워 없애주오, 욕망에 병들고
죽어가는 육신에 얽매여
심장은 영혼을 모르나니, 나를 거두어

영원한 예술품으로 만들어 주오.

한 번 자연에서 벗어난 후엔 나는 결코
어떤 자연물로 내 육체를 삼지 않으리라,
대신에 그리스의 금 세공사가 황제의 졸음을 깨우기 위해
황금을 두들기고 금박(金箔)을 입혀 만든 형상을 취하리라,
혹은 황금 나뭇가지에 세워 두어
비잔티움의 군주들과 숙녀들에게
과거와 현재와 미래를 노래하는 형상을 취하리라.

That is no country for old men. The young
In one another's arms, birds in the trees
- Those dying generations - at their song,
The salmon-falls, the mackerel-crowded seas,
Fish, flesh, or fowl, commend all summer long
Whatever is begotten, born, and dies.
Caught in that sensual music all neglect
Monuments of unageing intellect.

An aged man is but a paltry thing,
A tattered coat upon a stick, unless
Soul clap its hands and sing, and louder sing
For every tatter in its mortal dress,
Nor is there singing school but studying
Monuments of its own magnificence;
And therefore I have sailed the seas and come
To the holy city of Byzantium.

O sages standing in God's holy fire
As in the gold mosaic of a wall,

Come from the holy fire, perne in a gyre,
And be the singing-masters of my soul.
Consume my heart away; sick with desire
And fastened to a dying animal
It knows not what it is; and gather me
Into the artifice of eternity.

Once out of nature I shall never take
My bodily form from any natural thing,
But such a form as Grecian goldsmiths make
Of hammered gold and gold enamelling
To keep a drowsy Emperor awake;
Or set upon a golden bough to sing
To lords and ladies of Byzantium
Of what is past, or passing, or to come.

예이츠가 1928년에 출간한 시집『탑』(*The Tower*)에 포함된 이 시는 예언적이고 묵시적 성격이 강한 시들을 쓰던 예이츠의 후기 작품에 속한다. 이 시에 등장하는 비잔티움은 오늘날 터키 이스탄불(Istanbul)의 원래 이름으로, 로마 제국의 황제 콘스탄티누스 대제(Aurelius Constantinus: 272 - 337) 시기에는 콘스탄티노플(Constantinople)이란 이름으로 로마 제국의 수도이기도 했다. 이러한 시대적 배경과 동양과 서양의 중간지대에 위치한 지리적 여건으로 비잔티움은 중세시대 지중해 동부, 발칸 반도, 서유럽의 모든 나라에 영향을 끼친 1,000년의 역사의 문명이자 기독교와 이교적 요소, 그리스와 로마적 요소, 고대와 중세적 요소를 고루 갖춘 문명으로 평가 받는다. 예이츠 역시 이 점을 중요시하고 있다. 그는 이 시를 설명하면서 "비잔티움은 유럽문명의 중심이자 형이상학의 근원이었다. 따라서 나는 영적인 삶의 탐색을 비잔티움으로의 여행으로 상징하였다"(Byzantium was the centre of European civilization and the source of its spiritual philosophy, so I symbolize the search for the spiritual life by a journey to that city)라고 밝히고 있다.

첫 번째 연에서 예이츠는 비잔티움으로 가려는 이유를 밝히고 있다. 『노인을 위한 나라는 없다』의 제목을 제공한 시의 첫 행 "저것은 노인을 위한 나라가 아니다"에서 시인은 자신이 현재 살고 있는 곳임에도 불구하고, 현재 자신의 나라를 '이것'(this)이 아닌 "저것"으로 부르고 있다. 이를 통하여 시인은 자신이 속한 현재의 장소가 자신과는 맞지 않는 곳임을 분명히 한다. 이러한 거부는 그가 노인임을 드러냄과 동시에 노인이 설 곳을 잃은 세상에 대한 한탄으로 이어진다. 이 한탄은 노인을 대체한 젊은 세대가 그들 역시 '노인이 되고 죽어가고 있다는 것'("저 죽어가는 세대들")을 알지 못하고 "관능의 음악"에 취해 있기 때문이다. 시인은 젊은 세대의 이러한 행태를 생의 본능에 따라 움직이는 "새," "물고기," "짐승" 들의 번식을 위한 구애와 동일한 것으로 보고 있다. 첫 연의 마지막 연에서 시인은 "노인을 위한 나라"는 "늙지 않는 지혜의 기념비"를 소중히 하는 곳이며, 그가 떠나려는 여정이 영혼을 위한 여정임을 밝힌다.

두 번째 연에서 "나이든 사람"(an aged man)은 첫 연의 "노인"(old men)이 아닌 세월을 피하지 못하고 필멸하는 숙명을 지닌 인간을 말한다. 익히 알려져 있는 것처럼 예이츠가 플라톤주의자(Platonist)임을 감안하면, "막대기에 걸친 다 헤진 누더기"는 플라톤이 『공화국』(*The Republic*)에서 언급한 "육체는 영혼이 입고 있는 외투이다"(the body is a garment with which the soul is invested)에서 차용한 것이다. 따라서 인간이 이겨내지 못하는 세월 속에서 뼈만 남은 "막대기"나 주름진 "누더기" 육신의 신세를 면하기 위해서는, "관능의 음악"이 아닌 영혼이 "손뼉치고 노래하는" '영혼의 음악'을 연마해야 한다. 그러나 "자기 자신의 장엄한 기념비"만을 중시하는 '관능적 자기도취에 빠진 인간의 세상'에는 '영혼의 음악'을 가르치는 곳은 없다. 따라서 시인은 비잔티움으로 영혼의 음악을 배우러 떠난다.

세 번째 연은 첫 번째 연의 "저것"이 지칭하는 나라와 사뭇 다른 분위기를 띠는 비잔티움을 배경으로 한다. 무엇보다도, 비잔티움은 세월을 이겨 낸 "노인" 즉, "현인"들을 위한 나라이다. 현재의 젊은이들이 사는 "저것"의 나라가 뜨거운 "여름" 내내 육신의 쾌락을 위한 "관능의 음악"에 취한 것과는 달리 현인의 나라 비잔티움은 "성스러운 불꽃"이 "욕망에 병들고 죽어가는 육신"을 불태워 "영혼"을 정화한다. 이 정화를 통하여 영혼은 '불멸의 영혼'으로 거듭나게 되고, 시인은 이 영혼을 "영원한 예술품"이라 부르며 갈망한다.

마지막 연에서 시인은 불멸의 영혼과 "영원한 예술품"의 관계를 '황금 새'로 형상화하여 설명한다. 이 황금 새는, "저것"의 나라에서 여름 내내 "관능"적으로 울어대던 새들과 달리, 육신의 나태한 "졸음"을 깨우고 "과거와 현재와 미래를 노래"함으로써 인간들에게 육신이 죽어가고 있음을 인지시킨다. 시인이 비잔티움에서 배우고 싶은 노래는 바로 이러한 육신이 아닌 영혼을 위해 노래하는 황금 새의 노래인 것이다. 따라서 시인 예이츠에게 예술과 시는 인간의 영혼을 위해 노래해야 하며, 이 '영혼의 노래'야말로 바로 예술의 진정한 기능인 것이다.

개관하자면 예이츠의 「비잔티움으로의 항해」는 점차적으로 물질화되어 가는 인간 현실을 개탄하여, 그 현실을 극복하기 위하여 필요한 것이 무엇인가를 노래한 시이다. 랜섬(John Crowe Ransom)은 이 시를 "적절하고도 고귀한 기도"(a qualified and dignified prayer)로 본다. 그만큼 시인 예이츠의 기원은 기도만큼 간절하며 또한 기도가 필요할 만큼 인간이 처한 현실은 절박하다는 것이다. 이를 위하여 예이츠는 노인이 대변하는 '과거'와 젊은이가 대변하는 '현재'의 극명한 대비를 통하여 오늘날의 인간이 잃고 있는 것이 무엇인가를 명시한다. 그러나 불행한 일이지만, 영혼을 상실하고 있다는 절박성은 예이츠가 자신의 시대에서 예견했던 것 이상으로 『노인을 위한 나라는 없다』의 시대 즉 우리가 사는 현실에서는 이미 일상적인 것으로 드러난다. 영화의 시작은 「비잔티움으로의 항해」에서의 시인처럼, 과거와 대비되는 현재의 모습을 그리는 늙은 보안관 벨의 독백으로 시작한다. 그는 "옛날 보안관들은 총도 가지고 다니지 않았어"(Some of the old-time sheriffs never even wore a gun)라며 옛날을 그리워 하지만, 현재는 "누군가를 죽이기 위하여 오랫동안 계획을 짜고"(he'd been planning to kill somebody for about as long as he could remember), "풀려난다면 지옥에 떨어질지 알면서도 다시 살인을 하려는"(if they turned him out he'd do it again. Said he knew he was going to hell) 세상이다. 예이츠는 그런 세상을 떠나 비잔티움으로 가려하지만, 늙은 보안관 벨은 갈 곳이 없다. 그가 "그냥 감자튀김이나 먹으면서, 내가 이해할 수 없는 걸 보기는 싫어"(I don't want to push my chips forward and go out and meet something I don't understand)라며 자신의 두려움을 표현하는 것은 바로 이러한 현실을 조율하고 개선하거나 혹은 회피할 수 있는 방법이 없기 때문이다. 『노인을 위한 나라는 없다』라는 제목이 작품의 내용과 연관이 없어 보이는 이유 역시 마찬가지 맥락에서 이해될 수 있다. 즉, 「비잔티움으로의 항해」에서 과거의 인물인 시인은 현실을 개선할 수 있는 비잔티움이라는 과거의 찬란한 문화와 예술이라는 영혼의 도구를 지니고 있기에 관능적 육신의 쾌락이 지배하는 현재와 대응하는 대척 관계를 형성하고 긴장이 조성된다. 반면에 『노인을 위한 나라는 없다』에서 과거와 영혼을 중시하는 노인은 현재와 물질을 중시하는 젊은 악당들의 압도적인 위세에 눌려 그 어떤 대척 관계를 형성하거나 긴장을 제공하지도 못한다. 건조한 바람이 불고 푸른 나무가 거의 없는 황량한 텍사스의 벌판으로 시작하는 영화는 이미 '노인의 나라가 사라졌음'을 선언한다.

『노인을 위한 나라는 없다』에서 영혼을 수호하고 도덕률을 지탱할 수 있는 노인과 과거의 상실은 매우 다양한 방식으로 제시된다. 무엇보다도 안톤 시거라는 '절대 악'의 지배적인 존재가 그것이다. 많은 비평가들은 이 작품의 전반적인 분위기를 '허무주의'(nihilism)라고 지적하고 있다. 맹견(Claude Mangion)은 허무주의에 대한 니체(Nietzsche)의 정의 "인간을 괴롭히는 것은 고통 그 자체가 아니라, 고통의 무목적성이다"(it is not suffering per se that bothers humans, but pointless suffering)를 들면서, 시거에 대척하는 모스를 통하여 인간의지의 연약함과 무의미성이 드러난다고 지적한 바 있다. 그러나, 일반적인 관객의 입장에서 이

작품의 가장 큰 허무주의는 시거에 대척하는 모스를 통하여 기대되던 영웅의 모습이 그의 예상 밖의 죽음으로 허무하도록 쉽게 무너지는 데서 생겨난다. 이런 점에서 그의 몰락은 관객에게 이중적인 충격을 준다. 먼저, 모스 그 자신도 선인인지 악당인지도 모호하지만 시거라는 절대 악과 대적한다는 데서 관객에게 생긴 미약한 기대 심리적 이미지마저도 깨져 버린다는 점이다. 따라서, 살아남은 절대 악은 인간의 현실 속에서 그 어떤 것도 억제 할 수 없는 절대적인 위치를 차지하게 된다. 시거를 단순한 범죄자나 악당이 아니라 브롱카노(Manuel Broncano)는 "적그리스도"(Antichrist)로 보고, 모스역을 맡은 배우 조쉬 브롤린이 "죽음의 신"(the Grim Reaper)으로 보는 것은 바로 이런 이유 때문이다.

예이츠의「비잔티움으로의 항해」에는 각각 현재와 과거를 의미하는 "관능의 노래"와 "영혼의 노래"라는 두 종류의 노래가 존재한다. 반면에『노인을 위한 나라는 없다』는 영화에 필수적인 음악이, 엔드 크레디트(end credit)을 제외하고는, 전혀 등장하지 않는다. 영화의 음악을 담당한 리브세이(Skip Lievsay)는 "음악의 생략은 긴장감을 배가하고, 관객들에게 그 어떤 위안도 제공해 주지 않을 것이다"(I think [removing the score] makes the movie much more suspenseful. You're not guided by the score and so you lose that comfort zone)고 밝히고 있다. 이러한 극적 장치 외에 음악의 생략은 우리가 사는 현실이 "졸음을 깨우기 위해" 혹은 "과거와 현재와 미래를 노래하는" 음악이 넘치던 비잔티움의 시대는 결코 아님을 명시하기도 한다. 영화는 음악대신에 바람소리, 차 소리, 총소리 등과 짤막한 대화만이 존재한다. 작품 속에서 가장 긴 대사와 대화는 벨의 몫이다. 일반적으로 대화가 상대방과의 교류를 의미한다고 볼 때, 벨의 대화는 다분히 일방적이다. 그러나 이러한 일방적인 면을 시거의 대화와 비교해 보면 그 차이가 뚜렷하다. 시거의 경우 모든 대화의 방향과 내용은 그 자신이 결정하고 그 결정된 틀 속에서만 진행된다. 이 점은 칼라와의 동전 던지기에서 칼라의 "동전이 말하는 것은 아니죠. 바로 당신이지요"(The coin don't have no say. It's just you)라는 대화에서 잘 드러난다. 반면에 벨의 대화는 강요에 의한 일방적인 것이 아니라 대화의 상대방이 벨의 의중을 파악하지 못하기 때문에 생기는 것이다. 특히, 젊은이들과의 대화에서 이러한 양상이 두드러진다. 이는 이미 대화를 통하여 상대방과 교감하던 노인의 시대는 가고 교감보다는 목적의 전달을 중시하는 시거의 시대임을 의미하기도 한다. 이러한 양상은 온몸에 피를 흘리는 모스와 시거에게 옷을 주는 대신에 돈을 요구하던 각각의 젊은이들과 어린이의 장면을 통하여도 드러난다.

벨이 의미있는 대화를 나누는 인물은 그의 삼촌과 부인이다. 그는 삼촌과 과거에 대한 대화를 나누며 자신의 고충을 털어 놓기도 한다. 『노인을 위한 나라는 없다』에서 가장 따뜻하고 안정적이며 위안을 주는 물리적이면서 심리적인 장면은 은퇴한 그가 자신의 집에서 부인과 함께 대화를 나누며 그의 꿈을 이야기하는 장면이다. 그 꿈이 현재가 아닌 과거와 죽은 아버지에 관한 꿈이라는 점에서, 그의 꿈은 예이츠가 「비잔티움으로의 항해」 첫 줄에서 탄식하던 "저것은 노인을 위한 나라가 아니다"와 동일한 탄식이다. 그러나 예이츠가 육신을 정화하여 영원한 영혼을 고대하는 것과는 달리, 벨의 꿈은 "나를 지나쳐서 계속 가셨어. 아무 말 없이. 그냥 과거를 타고"(He rode past me and kept on goin'. Never said nothin goin' by. He just rode on past)가는 꿈속의 그의 아버지처럼 결코 현실로 다시 돌아오지 않는 꿈이다. 이미 '세상에는 노인을 위한 나라는 없기 때문이다.' 예이츠는 "영혼이 손뼉 치며 노래하지 않는 한" "나이든 사람은 한갓 하찮은 물건이고 막대기에 걸친 다 헤진 누더기"라며 영혼이 없는 인간은 죽은 것임을 분명히 한다. 『노인을 위한 나라는 없다』는 이미 인간의 현실 속에서 영혼이 상실되었음을 선언한다. 따라서 이 작품은 우리에게 고통스럽지만 인간의 현실을 있는 그대로 제시함으로써 실존적 인식을 제공한다.『오즈의 마법사』(*The Wizard of Oz*)에서 허수아비(the Scarecrow)는 늘 "내게 영혼이 있다면. . ."(If I only had a brain. . .)이라며 자신에게 없는 것을 갈망한다.『노인을 위한 나라는 없다』는 허수아비와 다름없는 현대인들에게 오즈의 나라 혹은 비잔티움으로의 항해를 촉구하는 영화이다.

필자 소개 | **양 승 갑**

전남대학교 국제학부 영어학과 교수

영시가 영화를 만났을 때

인쇄 | 2012년 11월 20일
발행 | 2012년 11월 27일

저 자 | 양승갑
발행인 | 송경안
발행처 | 전남대학교출판부

등록 | 1981. 5. 21 제53호
주소 | 500-757 광주광역시 북구 용봉로 77
전화 | (062) 530-0571~2, 마케팅부 530-0573
팩스 | (062) 530-0579
홈페이지 | http://www.cnup.co.kr

값 12,000원

ISBN : 978-89-97620-63-0(93800)

이 도서의 국립중앙도서관 출판시도서목록(CIP)은 e-CIP홈페이지(http://www.nl.go.kr/ecip)와 국가자료공동목록시스템(http://www.nl.go.kr/kolisnet)에서 이용하실 수 있습니다.
(CIP제어번호: CIP2012005282)